湛庐CHEERS

与最聪明的人共同进化

HERE COMES EVERYBODY

向即兴表演学商业

YES, AND

How Improvisation Reverses
"No, But" Thinking and Improves
Creativity and Collaboration

[美]凯利·伦纳德 Kelly Leonard 汤姆·约顿 Tom Yorton 著
冯宇 刘赛雄 译

中国财经出版传媒集团
中国财政经济出版社

测一测

你知道可以向即兴表演学习到什么吗?

扫码鉴别正版图书
获取您的专属福利

扫码获取全部测试题及答案，一起了解即兴表演中的商业技巧

- 组织在打造阵容时，追求成员的多样性，就意味着一定要牺牲人才质量吗？（　　）

  A. 是

  B. 否

- 即兴表演的技巧可以帮助我们培养在职场中成长的技能，这些技能包括：（　　）

  A. 如何更快地产生新点子

  B. 如何更有效地与人沟通

  C. 如何掌握“无中生有”的创造力

  D. 以上全部

- 在工作中，使用“是的，而且”原则的最佳场合是：（　　）

  A. 头脑风暴会

  B. 与平级一对一交流

  C. 与上级一对一交流

  D. 跨部门沟通会

扫描左侧二维码查看本书更多测试题

谨以此书献给第二城（The Second City）的创立者和一代又一代的艺术家们，他们所创造的荣誉在这一刻依然熠熠生辉。

YES,AND

前言

用即兴训练打造商业秘技

我们的工作非常棒——它让我们得以与这个星球上一代又一代既有趣又富有创造力的人共事。我们所效力的公司已经通过多年的努力成为行业翘楚，我们的产品充满了创意、智慧和欢笑。

当然，有的时候我们也讨厌自己的工作——打工人皆是如此吧！

但不同的是，与其他人相比，我们对自己的工作爱得多、恨得少，而且我们能准确地辨别出那些让我们快乐地享受工作或者导致我们深陷愁云的关键因素。

即兴表演者的工作状态最让我们开心和有成就感。当我们以饱满的热情在即兴状态下工作时，我们不仅能更快、更高效地产生新点子，还能加深与同事之间的相互理解，建立更好的默契，与客户的互动也变得更为密切，从而让彼此的关系更为深厚和长久。此外，我们越发能够处变不惊，不会因为担心失败而在工作中畏首畏尾。每当我们在完全即兴的状态下工作时，我们会惊奇地发现自己的领导力和执行力都变得更强；而且我们也成了更好的聆听者，能听到以前忽略的信息，因为我们学会了关注当下，并更为投入、认真地倾听他人讲话。

一旦转变心态，以即兴的状态工作生活，一切都变得高效、顺遂多了。我们敢肯定，你也能和我们一样，这就是我们忍不住想要与你分享我们的经验以及撰写本书的原因。

我们并不是“即兴创作学说”（Improvisational Doctrine）的创始人，也不是即兴派的领袖，甚至不是第二城喜剧团的团长或者演员。然而多年来，我们与第二城一起致力于用即兴的方式训练人们提高创新力、创造力和自信心，从而变为更优秀的人。虽说我们的职业背景迥然不同，但是在第二城的所见所闻让我们达成一致：即兴训练有用，而且它的用处完全能被推广到各行各业。

凯利·伦纳德（Kelly Leonard）是在第二城成长起来的。早在 20 世纪 80 年代末，迈克·迈耶斯（Mike Meyers）和邦妮·亨特（Bonnie Hunt）在芝加哥舞台上还籍籍无名时，伦纳德就在第二城负责洗盘子和带观众就坐了。他当时的职业构想是在第二城积累经验，将来能成为享誉全球的剧作家，而距此大约 20 年前，戴维·马梅特（David Mamet）也曾在第二城干着同样的工作，后来马梅特成了美国著名的剧作家。当然，后来的事实证明，伦纳德有当企业家的潜质。1990 年调入售票处工作后，为了更好地宣传剧团节目和改善客户服务，伦纳德冲破重重阻力推行了一系列改革。1992 年，26 岁的伦纳德春风得意，荣升第二城联合制作人，承担起为这家全球知名却在当时被攻击为“无关艺术”的剧团发掘新星的重任。伦纳德网罗到的新人包括斯蒂芬·科尔伯特（Stephen Colbert）、史蒂夫·卡瑞尔（Steve Carell）和蒂娜·菲（Tina Fey）等。这些年轻人当年只是名不见经传的新手，如今都成了赫赫有名的喜剧演员或剧作家。2001 年，伦纳德升任第二城执行副总裁，大力拓展了与诺唯真游轮（Norwegian Cruise Line）等公司的艺术和商业合作机会。与此同时，他还跟美国的许多地区性剧院建立了伙伴关系，共同开发创作喜剧，并与芝加哥歌剧院（Lyric Opera of Chicago）和芝加哥哈伯德街舞团（Hubbard Street Dance）结盟，合作创办混合式的艺术商演。

汤姆·约顿（Tom Yorton）是广告和营销人才，在 2002 年年初加盟第二城之前，他在广告和市场营销领域积累了丰富的经验。约顿慧眼如炬，他抓住了机会，到第二城传播部走马上任。他之所以被第二城聘用，是因为他提出将第二城传播部转变为广告部的企划。但在执行过程中，有趣的事发生了：我们为第二城核心竞争力——短篇喜剧和即兴表演找到了全新的、更有创造力的应用机会，因此我们决定把传播部转变为比广告部更能大展拳脚的另一种部门。之后我们会详细介绍我们的做法，眼下只需要这么说就够了：约顿仍然在做他一直擅长的事——争取观众市场，只不过用了一套不同的方法而已。

我们决定合作撰写此书，是因为无数的证据表明，我们所从事的工作不仅具有革命性，而且这场革命早已势不可当地开始了。写下本书前言的那天是2014年2月23日，就在这一天《纽约时报》刊登了普利策新闻奖得主托马斯·弗里德曼（Thomas Friedman）的一篇文章。文中提到，谷歌在招聘人才时注重的特质包括“随机应变”的能力、“放下权力”的意愿、乐于“创造空间让他人做出贡献”，以及具备“能从失败中学习”的能力。

这些恰巧都是即兴表演者必备的特质，而且这些特质都是普通人可以学会的。人人都知道健康的饮食和规律的运动是确保身体健康的秘诀，但并非人人都知道练习即兴表演能给我们的职业发展带来的好处就如同运动之于我们的健康：它能切实地提高我们的情商，教会我们巧妙地应对紧张、不安的局面，以及帮助我们成为更令人信服的领导者和更具有协作性的执行者。一举两得的是，这些特质不仅能让我们在职场中如鱼得水，还完全可以运用于日常生活。你可以把即兴表演带来的好处延伸到人际关系的方方面面，无论是用它增进你与伴侣的感情，还是加强与家人或朋友的关系。

第二城培训中心前艺术总监安妮·莉贝拉（Anne Libera）每次在即兴表演训练课的迎新仪式上都会说：“这将改变你的人生。”毫无疑问，即兴表演的能力确实已经让我们的人生变得更加美好，而且根据成千上万专业人士的反馈，即兴技巧也帮助他们建立了高效的团队，打破了各自为政的壁垒，培养了创造力，激发了创新力。因此我们敢肯定，学习即兴表演的能力也能改变你的人生。

现在，请放轻松，关掉手机，也请不要拍照和录像，我们将向你呈现每年在波托马克河河畔的利斯堡发生的盛况。

YES,AND

目录

YES, AND

第 1 章

即兴表演的严肃任务

优秀的即兴喜剧表演由三大核心条件构成——创意、沟通和合作，而事业上的成功也同样取决于这三个条件。

位于美国弗吉尼亚州利斯堡的蓝斯多恩会议中心（Landsdowne Conference Center）是个举办商务会议的绝佳去处。但是谁也不会想到，这么个坐落于葡萄酒之乡哥伦比亚特区、由玻璃和红砖构成庄严酒店风门脸且拥有两座锦标赛级别高尔夫球场的建筑，居然会是一处喜剧圣地。在过去的 13 年间，每年 1 月，第二城的演员们都会让蓝斯多恩充满欢声笑语，但他们来蓝斯多恩的目的似乎与他们的职业并无关联：他们的任务是帮助大约 100 名美国职业棒球大联盟（以下简称“大联盟”）的新手适应大联盟极具挑战的生活。

这些挑战涉及生活的方方面面，其中，有一些不是我们这些无法投出也无法接住时速约 153 千米快球的非专业人士需要操心的。例如，如何巧妙圆滑地与俱乐部会所里的前辈以及媒体大军打交道，如何管理突如其来的巨大财富（如果你出身贫寒的话），如何平衡工作与生活（虽说很难），如何抵制兴奋剂等禁药的诱惑，如何面对追着索要签名的球迷，以及如何应对体育圈里有组织犯罪的影响等。对于职业运动员而言，这些都是司空见惯的麻烦，很难被看作典型的喜剧素材，那么第二城的人能来做什么呢？

美国职业棒球大联盟和大联盟球员协会（以下简称“球员协会”）非常了解这些新手，他们大多是20岁出头、走路带风、精力旺盛的初生牛犊。出于对新手们的深刻了解，大联盟与球员协会深知传统的讲座和刻板的课堂无法有效地帮助新手们学会那些至关重要的生存技能，更无法帮助他们为长久而成功的职业生涯打下扎实的基础，于是大联盟别出心裁地邀请了第二城的喜剧人前来。喜剧演员们把球员生活中可能遇到的各种状况编成段子和小品，在四天的课程中进行生动演绎，并在第二城剧团校友、临床心理学博士凯特·波特菲尔德（Kate Porterfield）的协助下，围绕这些段子和小品展开深入讨论，借由这种方式传授以即兴表演为基础的沟通技能，搞定这群爱耍酷的青年，让他们打心眼儿里喜欢上第二城的喜剧人和即兴表演老师，从而心甘情愿地努力掌握那些对他们的职业发展大有裨益的技巧。

虽然看上去我们在培训中的主要任务是搞笑，但我们可不是专门被请来娱乐球员的。大联盟之所以聘请我们，是因为我们能用轻松搞笑的方式探讨生活中严肃的话题，能吸引年轻球员们参与其中，同时又润物细无声地教会他们重要的沟通技巧，帮助他们应对平常人无法真正理解的复杂状况。第二城一直明白而大联盟也已逐渐明白的是，即兴技巧能给人带来立竿见影的优势，只要掌握了即兴技巧，你就能得心应手地应对职场和生活中的各种困境。比如，如果一个久未联系的远房亲戚突然打来电话向你借钱开小吃店或者唱片店，具备了即兴技巧的年轻球员就能四两拨千斤地转移话题，既不用当冤大头，也不会搞僵跟亲戚的关系。这套技巧同样能让你游刃有余地管理有个性的下属和对你心怀不满的客户。即兴表演的能力至少能让你大幅提高临场反应能力，哪怕只是掌握皮毛，也能让你用幽默的方式将一触即发的冲突化解于无形。

我们课程的宗旨是“让学员大笑，也让学员思考”。在过去的 30 年里，我们用事实证明，这套脱胎于剧团训练的方法已经成了 21 世纪顶尖的商务培训课程，它不仅适用于棒球新手球员，同样适用于教育改革者、游轮经理以及无数其他专业人士。我们也不仅仅是在提供一种即兴的交流工具，我们向学员展现的是一整套能够激发创造、创新能力的新技能，帮助学员释放个人和团队的创新力，能让他们更轻松地检验新创意的可行性并将之投入市场。

与商界合作得越多，第二城越是发现，商界里常提到的规划、流程、管理、控制等一套体系听起来只需按部就班地执行就行，但实质上，这是一场巨大的即兴表演。只要有过企业工作经历，你就会发现你的一大部分时间和精力都被耗费在处理计划外的突发事件上，就像棒球场上让人措手不及的曲线球和擦边球，商界也满是这些不确定因素。

本书正是为你而写，它会帮助你掌握即兴表演这种绝技，以应付生活中瞬息万变的挑战。

以喜剧效果化解尴尬冲突

我们或许说不上跟商界完全一样，但是喜剧团和那些与我们有合作的公司有很多相同的需求和优先处理事项。我们都是以团队的形式运作，都不得不在高强度和迅速变化的环境下对新状况和新信息做出调整与应对。正如企业必须创造和创新，否则就是死路一条，我们也一样，喜剧演员们每晚在舞台上都得出新段子。归根结底我们都需要对自己的客户负责。跟我们的企业客户一样，我们必须发掘和培养新人来确保我们的生意稳步发展、保持活力。我们同样面临着部门各自为政的状况，同样迫切需要构建更好的部门间的互动合作机制。每当无法达成销售目标，或者被竞争对手抢走客户，又或者推出的新品遭遇“滑铁卢”时，和其他企业一样，我们也很可能丧失推陈出新的勇气，转为谨小慎微、小心为上。我们剧团与商界的相似点不胜枚举，这一点恐怕让许多人吃惊不已，然而论吃惊程度，谁也比不过我们剧团的创始人。他们当初怎么也想不到，这个原本为了迎合芝加哥大学的知识分子和顺应迅速发展的反主流文化运动而创建的小剧团，这个在 20 世纪 50 年代末 60 年代初对传统机构极尽质疑和挑战之能的团体，居然有朝一日会被这些机构请去传授它那套激进的做法。

1959 年 12 月一个大雪纷飞的夜晚，第二城首次开门营业。当时，它的场地只是一家由洗衣店改造而成的小门面，到场的人没几个会想到他们正在见证一个将在接下来半个世纪里在喜剧界独领风骚的机构的诞生。今时今日，我们想当然地认为原创喜剧演员必然享有各类舞台和荧幕供他们一展所长，但若你了解当时的文化和艺术格局，你就会明白第二城初建之时的艰难。

“我老婆去购物，向来是看到价格‘下降’的字眼就忍不住买回来。去年她就买了部电梯。”这是 20 世纪 50 年代末流行的喜剧风格。亨尼·扬曼（Henny Youngman）、杰克·本尼（Jack Benny）、乔治·伯恩斯（George Burns）、卢西尔·鲍尔（Lucille Ball）、杰基·格利森（Jackie Gleason）都是喜剧界的传奇人物，他们都极擅长搞笑，却都不是讽刺家。他们的喜剧灵感来源于各种人际关系和家庭生活中搞笑的部分，因而他们既不会在表演中使用粗俗的语言，也不会涉及任何政治问题。然而到了 20 世纪 50 年代后期，一群新型喜剧演员开始在荧幕上崭露头角，如莱尼·布鲁斯（Lenny Bruce）、莫特·索尔（Mort Sahl）和迪克·格雷戈里（Dick Gregory），他们后来积极投身于 20 世纪 60 年代的反主流文化运动。这些喜剧演员在芝加哥的凯利先生（Mister Kelly's）和煤气灯俱乐部（Gaslight Club）、旧金山的饥饿的我（The Hungry I）和北海滩夜总会（North Beach Nightclub）、纽约的痛苦终点（Bitter End）和双层公寓（The Duplex）等夜店演出，他们代表了一种全然不同的喜剧形式：他们公开谈论性、种族、政治，而且在舞台上使用粗俗用语，有些人甚至因为言语污秽而锒铛入狱，如莱尼·布鲁斯。在反主流文化运动之前，喜剧主要被当成一种消遣方式，极少有人会把它视为能促进社会和政治变革的艺术力量。

第二城的三位创始人保罗·希尔斯（Paul Sills）、伯纳德·萨林斯（Bernard Sahlins）和霍华德·阿尔克（Howard Alk）都毕业于芝加哥大学，他们从形式和内容两个重要方面对传统喜剧发起挑战。一方面，他们创造了一种全新的喜剧艺术形式——即兴式。希尔斯的母亲薇奥拉·斯波林（Viola Spolin）曾作为社工参与公共事业振兴署资助的一个项目，在此期间，她通过一系列即兴游戏帮助芝加哥南区的移民儿童迅速适应了美国文化。第二城的创始人借鉴了这种即兴游戏，开创了喜剧团队的新形式。另一方面，在内容上，这些艺术家把喜剧用作挑战社会现状的工具。在他们看来，他们所处的艾森豪威尔时期从文化上来说因循守旧、毫无创新，从道德上来说价值崩塌、世风日下。借助全新的艺术形式和大胆的内容，他们直接向旧时代发起了进攻与挑战，往往让台下的听众瞠目结舌。一改往日里喜剧只会通过滑稽的模仿或夸张的表演来搞笑的做法，他们创造的喜剧作品往往针砭时弊，他们在舞台上描绘的行为在现实中也都有迹可循。

在第二城剧团里，形式和内容是密不可分、相辅相成的两部分。在即兴表演中，演员即剧作家，在与团队成员的交流中、在与现场观众的互动中，他们无时无刻不在创作。他们还信守业内的一句老话："因为真实，所以搞笑。"因此，他们会从亲身体验过的快乐或悲伤中汲取灵感，在作品中分享自己的真实感受和见解。对于第二城的初代喜剧演员而言，即兴表演是一种前所未有的表达自我的方式，他们的工作既快乐又真诚，而且由于即兴表演常常涉及严肃的社会话题，它还具有某种革命性。

在接下来的半个多世纪里，第二城继续挑战传统，同时进一步发展和改良教学方法、工具和技巧，在创意界成了灯塔一般的存在，吸引了美国一批又一批最优秀的未来喜剧之星。比尔·默里（Bill Murray）、吉尔达·拉德纳（Gilda Radner）、约翰·坎迪（John Candy）、约翰·贝鲁西（John Belushi）、史蒂夫·卡瑞尔、蒂娜·菲等后来在娱乐界声名显赫的大明星都曾在第二城的巡回演出或者常规演出的课堂和舞台上打磨过自己的技巧。在此过程中，另一些令人意想不到的群体也开始寻求第二城的帮助：经理人、营销人员、教师、律师、广告经理，以及商学院毕业生。甚至政界人士和日间时段的电视主持人也想方设法报名参加第二城开设在晚间和周末的即兴表演入门培训班，这导致第二城的教室里总是人满为患。当奥普拉·温弗里（Oprah Winfrey）在 20 世纪 80 年代中期参加第二城即兴表演培训时，她的同学们大概想不到她会把在这里学到的即兴表演技能用于比《周六夜现场》（*Saturday Night Live*）更大的舞台。

虽然许多学员原本是抱着消遣或者拓展人脉的心思来参加培训的，但他们很快就发现第二城能给大家带来的远不只是娱乐。无论他们的目的是追求更强的创新力、提高自己的工作业绩、改善团队合作能力、增强表达能力还是学习各行各业都必备的应变能力，他们发现第二城以即兴表演为基础的培训课程都能有效地帮助他们掌握令他们在商界里脱颖而出的那些基本技能。我们惊讶于我们这个小剧场，这个曾经因挑战权威和“大人物”而扬名的地方，有朝一日竟会吸引“大人物”们蜂拥而至并如饥似渴地学习如何拓展职业能力。马西学习中心（MASIE Center）是致力于研究企业学习的智库，它的创始人艾略特·马西（Elliot Masie）认为第二城培训课程之所以如此红火，大概是因为传统商学院课程存在一定的缺陷。他解释说：“真诚和信任的气氛远胜于面红耳赤的争吵，所以笑声是个重要因素。商学院偏偏不会教学生笑声和幽默在生意场上的作用。可我想不到哪个重要合同、收购项目、销售行为、活动，以及我所参与过的所有招聘和解雇工作，是没有点幽默或笑声在里头的。”

经过多年与企业客户的合作，第二城从最初的仓促应邀办班，到后来将培训发展得日臻完善，我们决定在公司内部成立一个单独的部门，负责与企业的合作。于是在 1989 年，第二城喜剧市场营销组诞生了，后来更名为第二城传播部。尽管它最初的定位是企业演出部，但在过去的 10 年里，第二城传播部已经成了专门的培训部门，为各界精英和团队提供专业帮助。在当今社会，职场人面对的压力越来越大：急需处理的信息数量庞大，产业、技术、市场飞速变化，办公室政治纷繁复杂，公司制度的透明度和客户参与度的新标准层出不穷，等等。**突然之间，越来越多的人意识到我们第二城早就明白的道理：优秀的即兴喜剧表演由三大核心条件构成——创意、沟通和合作，而事业上的成功也同样取决于这三个条件。**

即兴表演的 7 要素

商学院传统课程教的量化、策略和分析技能并没有什么问题，然而单凭这些技能你是无法确保事业一帆风顺的，毕竟商海云谲波诡，成功往往取决于你是否有能力组建一个愿意全力支持某个好点子的团队，只有这样的团队才是成功的保障。**愿意倾听、乐于建立信任关系、勇于承担风险责任、敢于适应变革、在困境面前保持乐观精神，这些软技能至关重要，具备了它们的个人和企业才能自如地应对瞬息万变的信息、机遇和挑战。**这些技能不再是“优先考虑”的加分项，而是必要条件。而这些技能也是可以学会的。第二城的 7 大秘诀已然给我们这个时代最为杰出的创意表演者提供了灵感，它们同样可以帮助你掌握上述职场必杀技。

1. 是的，而且

这两个词构成了所有即兴表演的基础。在适宜的环境里，点子不仅能得到充分表达、尊重、探索，还能被提高、拓展到让人乍一看甚至会觉得荒诞可笑的高度，这时突破性的创新也就随之而来了。最好的喜剧作品就是这么诞生的，创新也是这么实现的。“是的，而且”是一个适用于各工作领域的万能准则。与那些喜欢对员工的点子评头论足、严加苛责、野蛮拒绝的公司和组织相比，将这一准则融入企业文化的公司能更迅速、更富有创造力地解决问题，也更善于调动员工的参与积极性。“是的，而且”并不意味着你非得采纳每一个点子，而是必须给予每个点子被采纳的机会。这个观念虽然很简单，但它对于改善人际沟通、推动谈判和解决冲突有奇效。同时这两个词也是创造创新的基础。我们将向你展示如何把“是的，而且”融入工作的每个方面，我们也会为你提供具体的建议，教会你如何在个人生活中运用它创造奇迹。

2. 阵容

每当第二城剧团诞生明星，我们都会欢欣鼓舞。然而明星可不是靠个人秀成功的，他们之所以能够获得成功是因为他们学会了如何与阵容成员合作。阵容在我们第二城是一切事务的重中之重，而在第二城之外，它的踪迹同样无所不在：销售阵容、董事会、零售阵容等。阵容对于任何组织的发展和竞争力的提高都起着举足轻重的作用。让人遗憾的是，很少有企业会关注阵容的构建、维护和发展问题。忽视阵容而造成的恶果也随处可见。例如，会议室里塞得满满当当的毫无用处的聪明人——他们只顾着显摆自己的智商，却不想着真正去解决任何的问题。再比如，把一切功劳归于自己、一切失败归咎于他人的领导和忙着掩盖失误与问题的员工。

个人需求和集体需求之间的矛盾是可以调和的，事实上完全可以做到两者兼顾、双方共赢，这并不是一场零和游戏。无论是在舞台上还是在企业里，高效运作的阵容都能孕育出明星员工，这是因为在这样的阵容里，所有成员会齐心合力地克服“永远不出错、千方百计抢风头、总是装作一切尽在掌控”的有害心态。我们将教会你如何创建健康的企业环境，让集体目标大于个人目标，让所有人都能共享荣光，同时让诚实受到嘉奖而不是惩罚，并在这种积极的环境里组建出高效的阵容。此外，我们还会向你证明，在阵容中的出色表现也会为你个人的成功发展铺好道路。

3. 共同创作

近半个世纪的从业经验告诉我们，对话比独白更能推进故事的发展。我们的团队不仅在舞台上创作艺术作品，也从与观众的互动中汲取创作灵感——向观众征求建议，留心观众的反馈，再根据观众的反应对喜剧素材做出调整。在这个人与人之间联系日渐密切的世界里，共同创作已经成了生活中无法回避的事实，只可惜学校没有教授这一技能，普通人也不知从何下手。掌握了本书介绍的即兴方法论，你就能学会如何与他人共创新内容、新产品、新的市场营销活动、新流程的方法，甚至可以建立起部门间的新关系。

4. 坚守本真

回想一下满堂欢笑的场景，你会发现往往是某个大家都知道的真实事件或者道理才会惹得集体开怀大笑。然而在商界，出于担心政治不正确或者某种权宜之计，人们往往选择隐瞒部分或者全部的真相。第二城多年来一直遵守一句格言："敢于冒犯。"我们教导演员们不要畏惧与权贵对话，要勇于挑战惯例和质疑规则。

无论是身处公司还是其他组织机构，如果太强调自己的感受，不懂得如何质疑自己的信念，势必将自己置于糟糕的竞争劣势。优秀的领导者不会粉饰问题和失败，而是承认并直视问题所在。他们鼓励团队成员通过质疑现状、挑战无效的思维定式和传统、直言不讳地道出真相（哪怕真相让人难以接受），来表达自己对团队的尊重。允许团队成员发牢骚或指出问题，领导者才能更好地学习和成长。毕竟，你的对手很可能已经打破了层级观念，解放了创新力。因此，与那些死守等级制度、不求进取的领导者相比，这些领导者显然能更好地保护自己，并能与竞争对手一较高下。

“尊重”和“敬畏”之间并不总是泾渭分明，我们一直在寻求两者间的平衡。但如果个人和公司能在企业文化里注入适量的“不敬”，不仅能提高员工士气，还能为增强竞争力打下坚实基础。信念并不是年头越久就越正确，有些被坚守了很久的信念可能恰恰是拖我们后腿的负累；喜剧和不敬可以说是润滑剂，它们能给予我们动力来对这些信念进行反思。

5. 失败

于我们而言，失败远不只是个抽象概念——每次走上舞台，我们都可能实实在在地与失败狭路相逢。与直觉相反的是，事实上我们在即兴表演时会刻意练习失败，因为我们需要找到并对“游戏中的破绽”加以利用，这是第二城校友兼讲师里克·托马斯（Rick Thomas）创造的方法。表演中出现的失误是藏不住的。一旦出错，所有观众立刻就能看到，绝大多数在舞台上的演员也能察觉到，但如果能坦然承认失误，并把它融入接下来的表演，往往能创造出新段子，迸发出新“笑”果，让全场笑翻天。

我们曾被反复教导“绝不可失败”，但事实恰恰相反，我们应该让失败在工作和生活中占有一席之地。创造力最大的敌人就是恐惧，尤其是对失败的恐惧。只要降低失败的负面影响，就能减少恐惧感，从而让创造力得到释放。本书将教会你如何正确地面对失败，你将不再只会在口头上鼓励员工，而是转而为他人创造富有安全感的环境，让他们敢于犯错，并把一次次错误当成通往成功的垫脚石。

此外，企业对于失败的认知是它们未来能否成功的关键。惯于掩盖或惩罚失败的公司会形成具有威压性的工作环境，在这样的环境里没人敢冒头说真话。失败应该被视为一种天赐的机遇，有许多方法能把失败化为工作中的养料，让人们在遇到它时不再惊慌失措，而是把它当作必要而且有趣的达成目的的手段。

6. 跟随追随者

20 世纪 50 年代末 60 年代初，两位来自不同领域的杰出人物得出了一个相似的理念。其中一位是管理顾问彼得·德鲁克（Peter Drucker），他提出了“知识型员工”这一概念，他认为未来任何组织的成功都将在极大程度上取决于是否采用扁平式管理结构，只有在这种结构里员工才能充分探索和发挥自己的潜力。大约在同一时间，美国戏剧界举足轻重的先锋人物薇奥拉·斯波林写了一本关于即兴表演的书，书中她提出了“跟随追随者”的理念，这种更为积极灵活的工作方式在团队中起到了引领作用。“跟随追随者”理念赋予了团队灵活性，允许任何团队成员在需要他的专业知识时担任领导，然后在团队需求发生变化时重新调整层级结构。我们对两位富有创造力的专家的观点深表赞同。我们在舞台上获得的成功从来都不是来自层级结构，而是通过允许每个团员，也就是我们的“知识型员工”，将自己特有的专长带入团队，并在有需要的时候担纲领衔来达成的。

领导力在于对地位有深入的理解，而不在于一心想着维护自己的地位。换言之，优秀的领导明白，在适当的时刻放权才能树立更牢固的权威。在全球化的互联网经济时代尤其如此，专家们会频繁地因为某个项目而聚成团队或散伙。面对这个纷繁多变的世界，对口的专业知识时刻在变，领头人的角色也应该相应地更换——只有这种“跟随追随者”的管理模式才能带来更大的成功，因为它使得领导们能赋予团队成员权力，激励每一个成员都为建设公司而贡献自己的好点子和创意。任何时候、任何项目都可能由某个员工担任领头人，负责为团队提供支持或者打点对外关系，你的团队将不再依赖于某一个领导掌舵，而是调动了所有人的创造力，让所有人都积极地为公司的发展献策献力，这样的团队怎能不日益壮大？

能够有意识地根据团队内动态调整团队成员角色，这可不是那么容易做到的，它可以称得上是门艺术。本书将教会你如何践行“跟随追随者”理念，以便你能强化你的团队以及你在其中扮演的角色。

7. 倾听

深度倾听是即兴表演中重要的一环，在诸如销售、员工评估、头脑风暴等许多工作环节中它的作用同样举足轻重。也就是说，对于任何希望有效地创新、沟通、领导或管理的人而言，首先要做的就是专注倾听别人说话。

许多人自认为是很好的倾听者，然而你的倾听是为了理解别人的意图，还是为了抓住机会插嘴呢？这两者之间有着天壤之别：前者能拓宽我们的视野和格局，后者只是为了满足我们的掌控欲。但是，绝大多数的人都是冲着第二个目的去的，沟通的效果可想而知。不用担心，我们有办法改善这种情况。

深度倾听强调的是关注当下，既不让过去成为牵绊，也不为将来预先操心。借助第二城的各种技巧，你能让你的同僚和下属懂得如何更积极，也更有创造性地彼此倾听。

小剧场变成创新实验室

这 7 大要素是第二城成功的秘诀，也给从第二城培训班走出去的成功校友提供了巨大的助力。如今它们已被各领域的公司和组织所采纳，如日产、摩托罗拉、谷歌、耐克、麦当劳等。看完本书，你也可以掌握这 7 大秘诀。

在第二城我们不教你怎么搞笑，你也不会学到笑话或新梗，你在这里学会的是如何掌控自己的心态，让自己不再因为害怕被别人评头论足而不敢直言不讳。当人们不再纠结于“说这话合适吗？”或者“这么说会不会不礼貌？”，当他们能畅所欲言，“笑”果自然而然地就来了。

简而言之，喜剧为我们提供了一个安全的场所来表达和听取真话。只可惜在最为重要的场合，比如，在公司命运悬而未决的董事会会议上，人们极少有说真话的自由，同样重要地，也少有听到真话的自由。

本书将改变这一切。它不仅将教会你即兴表演的技巧，也会指导你如何利用喜剧与人进行坦诚的沟通，尤其是在最具有挑战性的对话场合。和即兴表演一样，喜剧是一门需要技巧和方法的手艺。通过探索即兴表演的 7 大秘诀，本书将协助你找到新颖、不走寻常路且激励人心的方法：

- 更快地产生新点子；
- 更有效地与人沟通；
- 培育能应对各种场合的团队；
- 与员工和客户坦诚地对话；
- 消除公司里不利于共创辉煌的部门隔阂；
- 掌握“无中生有”的创造力。

这可不是在开空头支票，我们将与你分享我们与各类公司的合作案例，向你展示我们是如何将我们的理念融入他们的公司事务中的。如农民保险公司（Farmers Insurance），多年来它一直采用即兴沟通方法帮助保险理赔员成为在压力面前更有效、更具有同理心的沟通者；再如高乐士公司（Clorox），它利用这个方法在一次借助 Twitter 直播邀请用户共同参与的营销活动中取得了巨大成功。我们也会谈到我们如何帮助《财富》1000 强中的许多公司利用喜剧将向来枯燥无味、令人恐惧的合规培训变得乐趣无穷。

第二城开张的时候只是芝加哥老城区中心地带的一个简陋小剧场，而今已经发展成为一间成熟的创意实验室，一批批个人和团体在这里进行思想碰撞，带来了意想不到的惊喜，催生了创造性的突破和范式转变。本书将用丰富的故事让你得以一窥这家全球最富盛名的喜剧剧团成功的核心秘诀，同时，还将提供已被无数次证明有效的具体的即兴方法和技巧，以帮助你成为更富有创造、创新能力的人，在工作和生活中取得更大的成功。

即兴训练指南

1. 商界里常提到的规划、流程、管理、控制等一套体系听起来只需按部就班地执行就行，但实质上，这是一场巨大的即兴表演。
2. 即兴表演的 7 要素：
   - 是的，而且；
   - 阵容；
   - 共同创作；
   - 坚守本真；
   - 失败；
   - 跟随追随者；
   - 倾听。

YES,
AND

第 2 章

秘诀一：
开启“是的，而且”模式，无中创有

带一块砖来，而不是一座大教堂。

几年前，第二城传播部曾跟一家全球科技公司年轻的人力资源经理凯蒂合作，当时她刚入选公司“高潜力高管培训计划”名单。该项目为期 2 年，要求入选者每 6 个月轮换一次新岗位，这就意味着入选者需要具备积极建立新人脉的心态和迅速融入新团队的能力。凯蒂聪明、能干、积极进取，但性格有点儿内向，一想到每 6 个月就要与一群新同事共事，还得融入他们，她就不寒而栗。凯蒂在新环境里往往沉默寡言，她并不认为自己是个善于建立人脉的人，自然也就不会觉得融入新团队是件简单的事。凯蒂很担心这方面的缺陷会限制她的发展，并最终让她的事业停滞不前。

在我们与凯蒂和她的同事们合作之前，凯蒂对第二城知之甚少，她也显然不会觉得跟同事之间的互动与即兴表演有什么关系。但于我们而言，用我们舞台工作的视角观察凯蒂的情况，她和同事们面临的挑战不过是即兴表演入门训练就能解决的问题。用即兴表演的术语来说，凯蒂之所以怯于“开场”是因为她害怕整场表演都得靠她一个人扛下去；同时她还害怕每到一个新环境就需要立马表现得既幽默风趣又精明干练，这跟业余人士被强行拽上舞台说脱口秀时的感受一样：既没有现成的段子也不懂表演技巧，还必须一次又一次无中生有地想出笑料逗人发笑。

我们是怎么帮助凯蒂的呢？很简单，我们让她参与了一个名为“登场”的游戏。第二城培训课的讲师让凯蒂和半个班的学员走上舞台排成一队，剩下的学员则在台下，两拨人之间大约相距3米远。然后讲师对所有人说：“台上的学员请看着台下的学员，台下的学员也请看着台上的学员。”话音刚落，不只是凯蒂，全体学员都忸怩不安起来。台上的学员开始手足无措，有些人脸已经红了，有些人下意识地摆弄自己的手和衣服。直到所有人都或多或少展露出不安时，讲师才下指令：“现在请大家数一数墙壁上有多少块砖。”几秒钟内，现场的不安情绪消失了，每个人都有任务在身，大家全都在聚精会神地数砖。几分钟后，认真清点剧院墙上砖块数量的凯蒂和其他学员们已经忘了紧张，面带微笑完全放松下来。

即兴表演训练最基本的功效就是让你不再把关注点聚焦于自身，降低对自己的苛责。当我们全力关注当下时，我们会把所有的精力都投入手头的任务上，就没有工夫关注自我，自然也就顾不上紧张了。这个练习让凯蒂明白，哪怕她觉得所有人的目光都集中在她身上，只要她专心致志地做好自己该做的事——对她而言就是与新同事加强沟通以及适应新部门，她就有能力控制住自己的焦虑度。一段时间后，她的努力初见成效，她发现实际上只有她在时刻对自己的“表现”评头论足，明白了这一点，她就能以更加轻松的心态完成任务。

随着凯蒂逐渐放轻松，我们又增加了其他的游戏来帮助她提高倾听、分享和交换意见的能力。这些入门级的即兴表演训练，就如同“社交技能健身操”一般简单有效。正如芝加哥恐慌和焦虑康复中心主任、精神疗法医生马克·普费弗（Mark Pfeffer）所说：“每一次你学习克服恐惧，你的大脑都随之改变。即兴表演是改变神经通路最快速的方式，因为它让人不得不直面自己的恐惧。”通过一系列训练，凯蒂发现自己其实拥有她原以为自己并不具备的沟通和社交技能，她只是需要激活和强化这些技能而已。

最重要的是，她掌握了“是的，而且”这种思维模式。

“是的，而且”，即兴表演的基本原则

我们接触过许多像凯蒂这样的学员，经验显示，无论你有什么头衔，你都必须具备从零开始、无中生有的创造力才可能获得职业上的成功，而这种创造力正是即兴表演的关键所在。凯蒂的需求是从零开始构建新的、有效的同事关系，而其他商界精英们也无时无刻不需要倚仗这种创造力，例如：

- 开展市场营销活动时；
- 开发新产品或新业务时；
- 与客户建立良好可靠的合作关系时；
- 研究更好的流程和问题解决方案时；
- 描述新职务的岗位要求时；
- 制定员工政策、培训课程、业绩管理制度以及预算（还有营收）时；
- 妥善回应顾客投诉时；
- 为公司垒球队取名字时。

事实上，只要你需要工作，就免不了要用创造力。善于创造性地应对各式各样挑战的人们用的就是“是的，而且”这种方法，只不过他们可能把它称为“以退为进”或“冲突管理”。在喜剧行业，这被称为“是的，而且”，就像烹饪界的秘制调料、编程界的源代码，它是一把万能钥匙，能打开一切值得开启的大门。同时它也是即兴表演的基本原则，是所有其他即兴表演原则的基础。

在舞台即兴表演中，演员们没有既定的剧本和台词，“是的，而且”是这样运作的：一个演员起个头，其他演员先对该演员的观点加以肯定，并在此基础上添加自己的观点。

比如，演员甲可能说：“我的天哪！我从来没见过天上有这么多星星！”这时候同台的演员乙只有一个任务：赞同这个观点，并加上一些新创意。例如，“可不是嘛！没想到站在月亮上看星空会这么不一样！”

乙简单的两句台词不仅肯定了甲的观点，还加上了自己的观点，即他们远离城市，远到已经跑到月球上去了。乙的台词又给了甲一些信息，让甲得以继续。如此周而复始，台上的演员不断地为彼此提供发挥的空间，使得整场表演有了无数的可能。

如果在第一个回合里乙没有赞同而是否定了甲，例如，乙回答：“我一颗星星都没看见啊！白天哪儿来的星星！”那么乙就把话题终结了，刚刚启动的表演也就没法继续下去，这时候甲只能仓促地想句台词把话题圆回来，还得让观众觉得好笑。根据经验，观众想看的是演员们在舞台上即兴创作出好段子，才没兴趣看他们为了谁是谁非争个面红耳赤——那才是无聊透顶！

在即兴表演圈子里，“是的，而且”原则还有一些别的名字，你可能会听到我们讨论“肯定和构建”点子或者“探索和推进”剧情等。**它的名字虽多，中心思想却是同一个：接受别人的点子并在此基础上添加新的点子（无论你对别人的点子持什么看法）。**在第二城，这条基本原则贯穿于我们所做的每一件事。

这就是我们舞台即兴创作的方法，我们因此塑造出了许多妙趣横生的角色，也创作了许多完整的剧本。例如，影片《反斗智多星》（*Wayne's World*）里的韦恩（Wayne），最初就是由迈克·迈尔斯（Mike Myers）在我们的舞台上创作出来的；还有后来在《周六夜现场》大放异彩的由克里斯·法利（Chris Farley）扮演的傻愣愣的励志演说家马特·福利（Matt Foley）。“是的，而且”原则在第二城人心里烙下的印记是如此之深，以至于蒂娜·菲和简·林奇（Jane Lynch）在离开我们的舞台多年后还在回忆录里和毕业演讲上频频提起。我们可以不假思索地说，“是的，而且”原则决定了我们对于第二城的业务定位：我们的工作是用智慧、周到、实用、有趣、通常还超级搞笑的方式去肯定并发展他人的点子。

必须先摆出“是的，而且”姿态

对于我们的许多企业客户而言，“是的，而且”理解起来并不困难，但是在实际操作中贯彻这一原则并不容易。这是因为它要求你必须相信其他人会支持并发展你的点子，同样，你也必须支持和发展其他人的点子，无论你是否喜欢他们最初的点子。在商界，“支持”几乎总是有条件的，如“只要我能马上明白这个点子能带来什么，我就支持你”“只要能保证成功，我就支持你”或者“只要我能从中获利，我就支持你”。在职场中，我们常听到的是“不行”或者“好吧，但是”，因为这些话语能让某一方在某个观点或者谈话中保持掌控权。

然而如果保持掌控权就能确保成功，那么就没有哪个公司会失败吧！毕竟绝大多数公司都无比重视流程、管控、模式等，这些无一不是维持掌控权的工具。我们都知道，成功没这么简单。“是的，而且”原则往往会把你带到意想不到的境地，这种不可预见性让一些人大为紧张，但只有当公司愿意让出一点掌控权、乐意承担一点风险，他们才可能挖到创意的金矿。

我们把这条原则叫作“是的，而且”，是因为在我们的训练中每句话都以这两个词开头，但是叫什么名字并不重要，重要的是原则本身。**要在企业里建立“是的，而且”文化，你必须先摆出“是的，而且”的姿态，用自己的行为带动旁人。你必须肯定和支持其他人的贡献和观点，并致力于发展他们的点子。**

“是的，而且”的5种运用场景

虽然不存在《“是的，而且”原则运用手册》这样的书，但在下列许多场合中，“是的，而且”这种心态都对个人和组织大有裨益。

1. 在人际和团队交流中

我们再回过头来说我们的朋友凯蒂，那位入选“高潜力高管培训计划”名单的人力资源经理，也就是那个原本害怕融入新团队的客户。在与新团队成员发起谈话的环节里凯蒂尤其感到窘迫，因为在这种情况下她总要求自己表现得“充满活力，带动全场”，她认为这就是善于交际的人应该做到的，而她生来内敛的性格让她不可能具备这样的能力，也就无法迅速融入新团队。

在为凯蒂和她的同事们开设的培训课程中，我们设计了一系列活动为他们展示如何运用即兴表演法进行既有效又让人自在的沟通。例如，我们请凯蒂与她的两名同事参加了另一个名为“江湖百晓生”的互动游戏。在游戏中他们坐在舞台上，下面的观众可以随意向他们提问，而台上每次只能由一个人用一个词进行回答。我们还玩了“收回那句话”，在这个游戏里参与者需要根据提示改变自己听到的最后一句话，台上的剧情因而不断变化，走向完全不可预测，而参与者只能手忙脚乱地应对各种新情况，这就像典型的工作日，我们也是随时待命、即时处理事务。**我们让凯蒂明白，最善于与人交际的人是那些积极肯定其他人的观点并在此基础上构建出更好的点子的人，而不是主动开启对话并让其他人没有开口机会的夸夸其谈者。**通过有趣的互动游戏，凯蒂懂得了最好的熟悉并融入新团队的方式是深度倾听他们的讲话以及完善他们的点子——当你把“是的，而且”原则变成自己的沟通法门，这简直不用费吹灰之力。凯蒂意识到自己天生的安静性格并不是缺点，相反，在交流沟通和阵容构建中这是不可多得的宝贵品质。

最好的团队是由具备不同风格、不同经验、不同优点以及不同个性的成员构成的。随着凯蒂逐渐建立起在团队里做贡献的信心，团队里更为强势的那些成员也在学习如何为羞涩内敛的队友匀出发声的空间。他们学会了鼓励性格内向的同事表达自己的想法，而不是由着他们静悄悄地坐在一旁当听众。在“江湖百晓生”游戏里，羞涩如凯蒂都好几次哈哈大笑起来，她对笑点的嗅觉极其敏锐，每次笑点刚出来她就能听懂，这是因为她全身心地投入倾听模式，从荒诞不经的对白里听到了有趣的信息。仅经过半天的训练，凯蒂就像变了个人，你绝不会认为她是团队里羞涩的那个。只要她继续练习和提高对“是的，而且”的运用，无论轮调到哪个部门，她都会受到新团队的欢迎。

2. 在培训和反馈环节中

良好的人际交流对于公司至关重要，这不仅是指员工之间的交流，也包括上下级之间的交流。如果你是老板，你的重要职责之一就是为员工提供培训和反馈，以帮助他们更好地提高工作能力。“是的，而且”是促进人际交流的最佳工具之一，因为它从以下三个方面帮助你用更加积极的心态看待工作中的日常交流。

首先，它帮助你肯定他人的成绩，并让你学会鼓励他人继续进步。当有人不小心出现失误时它也同样有效，因为它会让你在批评他人之前先判断他们的错误是否还有挽救的机会。例如，在某次特别糟糕的表现后老板问你：“损失了个客户是吗？”“是的，而且”原则会驱使你诚实却不消极地回答：“是的，而且我想我知道为什么。我们会认真分析这次失败的原因，确保下次绝不再出现同样的情况。”

其次，在激励团队推进新点子和新方案时，采取“是的，而且”心态极为奏效。对下属保持开放的心态，乐于倾听员工的点子，即使有时候那些点子初听起来并不新颖，也缺乏吸引力。这对领导们而言并不总是件容易的事。在与我们的长期客户农民保险公司进行的一次高管研讨会中，一位资深与会者就此分享了自己的感想：“‘是的，而且’原则让我明白了我不一定会喜欢每一个我听到的点子，但是起码我应该给每个点子一个让我喜欢的机会，哪怕只是喜欢它一小会儿。”这话说得太好了！多年来深受欢迎的作品中有许多并不是甫一面世就被人看好的。如由拉里·戴维（Larry David）和杰瑞·宋飞（Jerry Seinfeld）创作的情景喜剧《宋飞正传》（*Seinfeld*）最初在剧本推销会上被电视台评价为“毫无主题可言”，后来却在美国成了家喻户晓的爆红喜剧；J. K. 罗琳也曾被许多出版商拒绝，因为他们看不出来那个叫哈利·波特的小巫师有什么魔力能抓住任何人的想象力；还有“iPod 之父”托尼·法戴尔（Tony Fadell），当初他带着 iPod 的构想吃了好几家公司的闭门羹，直到乔布斯对他说“是的，而且”。有时那些乍看起来疯狂的点子，值得你看上第二眼、第三眼甚至第四眼。

最后，“是的，而且”通过将领导与下属置于平等地位而促进上下级沟通。当你把注意力放在倾听和完善他人的点子时，你更倾向于关注想法本身的优点，而不会关注提出想法的人是什么职级。美国斯珀特斯犹太研究学院院长兼首席执行官哈尔·刘易斯（Hal M. Lewis）博士认为“是的，而且”原则是强有力的领导工具：“所有对于领导力的经典诠释与‘是的，而且’的基本原则是一致的，那就是集体的智慧永远大于个人智慧。一旦我们放下执念，不再要求自己是全场最聪明的那个人，奇迹就会发生。”“是的，而且”原则让每个人都感觉自己被倾听和被尊重，工作中的任何挑战都不是不可能完成的任务了。

3. 在头脑风暴和构思过程中

无论是在商界、政界、运动界、娱乐界还是教育界，追寻全新的“新点子”似乎是大家永恒的使命。我们这个世界极度重视创新，无论你从事哪一行，你都不得不绞尽脑汁不断创新。证据比比皆是，在我们日常生活中随处可见：日用消费品公司会在洗衣液上标注“新型改良版”；竞选者会在拉票时鼓吹自己跟在任的那帮“老古董”有多不同，将会带来怎样“翻天覆地的变化”；教育者对教室里的“新”科技赞不绝口；电视台在做节目推介的时候也会说些奇奇怪怪的话，比如，“敬请欣赏八点档全新的《公园与游憩》（*Parks and Recreation*）”这话总让人疑惑，难道还有“半新”的《公园与游憩》？我们都爱看这剧，也许“半新的”也不错！

然而，尽管我们全力以赴地创新，结果却不尽如人意：随处可见的雷同，无数的模仿抄袭，还有许多创新计划以失败告终。

这是个无法忽视的现实问题。2010 年安永会计师事务所的一项研究表明，在接受调查的高管中只有 47% 的人觉得自己的公司比竞争对手更具有创新力，17% 的人认为自己的公司不如竞争对手，还有 41% 的人觉得自己缺乏推动公司发展的创新力。造成这种局面的原因是多方面的，如人们可能总觉得创新是别人的责任，或者认为创新有别于日常工作事务，应该由一个独立的部门承担，比如专门的研发部门。通常个人或者组织之所以会为创新而发愁，是因为创新不是能一蹴而就的，如果公司没有持续重视创新者和创新过程的态度，就很难让人埋头搞创新。我们觉得公司里统一的古板职业装严重限制了员工的创新力，但暂时没有找到能支撑这个论点的论据。

那么怎么才能提高创新力呢？我们的答案是：抓住一切机会推行“是的，而且”原则。

头脑风暴或者构思讨论会显然是使用“是的，而且”原则的最佳场合，因为这时候你和同事们正在努力构思新产品、营销口号或者新颖的主题，事实上这个创意过程跟我们在舞台上运用“是的，而且”的情况很类似。经验告诉我们，它比传统的头脑风暴方法更为有效，它能帮助团队在极短的时间内产生大量新点子，甚至是平常不太可能出现的天马行空的点子。原因很简单：当大家迅速支持和完善彼此的构想时，他们比较不会对别人的点子进行过滤或者评价；而如果在头脑风暴刚开始的时候不屏蔽掉一些点子，你就给予了它们得到发展和完善的机会，进而在各种点子间找到新的联系和组合方式，创意因此喷涌而出，这是传统方式无法做到的。

在战略性规划的初期，或者开始新的市场营销活动时，又或者为创新做准备的时候，客户经常会请我们去开设新的培训课，每次我们都会努力把“是的，而且”原则灌输给这些团队。正是因为坚守了“是的，而且”原则，我们和生产床上用品的礼恩派公司（Leggett & Platt）得以共同开展一场成功的营销活动。

实话实说，床垫生意并不迷人，而弹簧生意就更枯燥了，但是礼恩派有一群极富创意的员工。在我们进行头脑风暴时，我们想出了一个点子：拍一个搞笑说唱视频，借由它讽刺传统饶舌，同时突出装有弹簧的床垫的关键优点。这个令我们所有人自豪不已的搞笑视频不仅为礼恩派带来了销量的激增，也改变了行业对他家产品的看法。这个案例在许多方面都很有启发意义，但成功的关键还是在于我们秉承了“是的，而且”原则。如果我们没有肯定和完善其他人的点子，我们就不可能在看似离散的点子间找到关联，不可能从乏味的弹簧想到刺激的说唱视频。

4. 在解决问题和化解冲突时

每当我们在工作中遇到麻烦、需要处理突如其来的问题的时候，我们通常无法正常思考，满心想的都是领导会怎么责怪我们、这事儿会有什么后果、我们今后的日子又会多难过，这时候很难集中注意力去解决手头上的难题。第二城的人也曾亲身经历过这种危机时刻，结果那次经历证明哪怕是在极不乐观的环境下，“是的，而且”也能扭转局面。

我们的一位同事杰克当上了一家著名文化机构的董事会主席。上任不到两个星期，在一个星期五的傍晚，杰克接到一位董事的电话：“出大事了，我们需要马上召开全体董事会。”等到所有人都到了某位董事名下公司的私人会议室，那位董事说：“我们刚刚发现，一位多年来我们一直把他当作朋友来信任的老员工在挪用公款。”随着细节的进一步披露，杰克和其他人一样震惊不已，原因不仅仅是这个深受他们信任和喜爱的老员工辜负了他们的信任，而且这人把公司全部掏空了。“我们破产了，我们必须想想怎么告知大家，以及怎么重建公司，否则我们公司将不复存在。”董事沉重地说。

紧接着，杰克听到一个相当有名的政治顾问说，他是公司董事的朋友，是被临时叫来帮忙的。“在我这个行业，有一句处世箴言，”他顿了顿，“绝不要浪费一场危机。”话音刚落，会议室里沉重的气氛立马转变了。

这句话是丘吉尔的名言，丘吉尔掌握了“是的，而且”原则。

在接下来的 3 个小时里他们都在积极地运用“是的，而且”原则应对这场危机。首先要解决的问题是如何告诉大家这个坏消息：应该用什么渠道、由谁来发布消息？众人展开了激烈的讨论，杰克自告奋勇地提出由自己来负责与外部沟通，他认为作为新上任的董事会主席，自己责无旁贷。那位顾问也表示赞同，他补充道：“杰克是最合适的发言人，因为他才刚加入公司，与之前公司里发生的违法事件毫无牵连，与其他人相比，杰克更容易获得大家的信任，并为公司下一步的工作打下基础。而且所有沟通都应该透明化，杰克会告知公司员工实情，董事会也会保持沟通渠道的畅通，每星期向公司内部、媒体和赞助商持续地公布事件进展。”

对于杰克和那家机构来说，那段时间非常难熬，但他们还是挺了过来，并最终成功地重建了公司财务制度，使公司财务状况得以持续改进。如果董事会没有“是的，而且”的思维模式，这一切恐怕很难达成。

除了适用于极端状况，在日常决策和常见的团队管理中，“是的，而且”原则一样有效。我们发现相同的问题总是在不断地重复出现，这是因为我们通常想出来的所谓解决方法其实治标不治本。要想从根本上解决问题，就需要集团队全体之力为老问题提供新选项和新解决方案。要做到这一点，每位团队成员都需要具有“是的，而且”的思维模式，而不是开口就说“不行”。

我们认为，在解决问题时，哪怕最糟糕的点子也可能是通往好点子的桥梁。有些点子一开始可能漏洞百出，但经过发展完善之后，它们也能变成有用的点子。**“是的，而且”原则就是让所有人不轻易地否定任何一个点子，而是给予每个点子足够的考量，让每个人都感觉到自己在团队中的分量，进而在压力面前营造出一种积极的氛围，让整个团队能充满信心地应对一切问题。**我们第二城大大小小的会议都是在这种氛围中进行的，跟其他公司一样，我们剧团也有需要面对的难题，我们总能以勇往直前的乐观心态迎难而上，因为无数次的经历让我们深信：我们会同舟共济，直至共渡难关。

我们对于“是的，而且”原则的坚持让我们顺利度过了2009年那个艰难的秋天。经济大衰退让各个行业遭受重创，我们剧团也不能幸免于难。当时我们急于想办法缓解公司的财务压力，虽然在芝加哥本地的演艺生意还算稳定，剧团巡回演出的预约和企业合作项目却大幅减少。谁也说不准经济形势在近期内会不会有好转，于是公司只好开源节流。我们暂停开发新剧，缩小巡演团队规模，叫停一切新支出。

心头纵有千钧重负，我们还是面带笑容，努力给观众带去欢乐。与此同时，一场政治丑闻正在芝加哥发酵：连任州长之职的罗德·布拉戈耶维奇（Rod Blagojevich）因为涉嫌“倒卖”奥巴马当选总统后空出的伊利诺伊州联邦参议员职位而接受调查。政界的钱权交易不是我们能操心的，但这次调查揭露出的布拉戈耶维奇的权力集团真是骇人所闻，精彩到就像一部吉尔伯特与苏利文（Gilbert and Sullivan）的幽默剧。布拉戈耶维奇出身草根，最初只能算个傀儡，一举一动都受他那有权有势的岳父操控。羽翼丰满之后，他一脚踢开了岳父，电话窃听录音表明他那外表光鲜的老婆脏话连篇，至于州长本人，则长年龟缩在位于芝加哥西北部的家里，花在跑步和梳头上的时间远远超过处理政务的时间。

那天第二城放假，大家正在聚会。几杯果酒下肚，我们开始聊天。闲聊间我们感叹这场政治丑闻真是太具有“戏剧性了”，伦纳德漫不经心地说：“我们真该把这事儿排成一部摇滚歌剧。”说者无心，听者有意，在旁边聊天的编剧兼演员埃德·弗曼（Ed Furman）和 T. J.·沙诺夫（T. J. Shanoff）听到了，几分钟后弗曼和沙诺夫找到我们，说：“我们来写剧本。”弗曼补充道：“就叫《超级巨星罗德·布拉戈耶维奇》吧！”

闻及此言，大家哄堂大笑。然后是突然的沉默。“你是认真的？”伦纳德问。“比真金还真。”弗曼答。可是在这捉襟见肘的时期，我们哪儿来的钱排新剧呢？我们开启了“是的，而且”模式。

第二天，伦纳德走进了第二城的合伙人兼执行监制安德鲁·亚历山大（Andrew Alexander）的办公室。“本来经济形势这么糟糕，我们现阶段是不该增加新项目和新支出的，”伦纳德说，“但是昨晚在聚会上我们聊起……我们把布拉戈耶维奇的丑闻排成迷你摇滚歌剧怎么样？就叫《超级巨星布拉戈耶维奇》。我们觉得很快就能把剧本写出来。”

亚历山大沉默了大约 5 秒钟：“行啊，干呗！”

这是“是的，而且”的第一步。接下来要解决的问题是怎么在几乎毫无资金的前提下凑齐演员班子和安排演出场地。

“有空闲的场地吗？”

“有，e.t.c. 剧场（我们在芝加哥的第二个剧院）每星期二和星期三晚上没有演出，我们可以用那儿。”

“怎么解决演职人员的薪酬问题呢？”

“我们可以给编剧和导演演出提成。至于演员那边，我们可以打电话问问演员权益协会（Actor’s Equity Association），看看他们能不能接受降低薪酬，之后也从演出收益里拿提成？”

“这位州长随时可能入狱，多快能准备好剧本开始彩排？”

“两个星期行吗？”

“是的，而且”原则在那天疯狂运作。

第二步，弗曼和沙诺夫入伙。

第三步，我们给演员权益协会打电话，这个项目最大的优势就是，只要你一提剧名，电话那头的人就笑破了肚皮，演员权益协会没有过多纠结就点头了。

而且他们补充到，只要我们选定的演员没意见，他们可以帮我们做工作，推迟支付演出所需的大额薪酬，获得演出收益后再结尾款就行——第四步完成。

有些点子注定是会被实现的。在我们这个行业，如果舞台上演的能跟得上时代的脚步，立马就会如天雷勾动地火一般搅动风云。当我们对外宣布我们打算上演这部剧时，媒体沸腾了。到了我们准备首场预演的时候，所有的票都已经被抢购一空了。

走进首演剧场，本地资深的政治专栏记者卡罗尔·马林（Carol Marin）指着舞台一边的一整片座位告诉我们，那边坐的全是布拉戈耶维奇的职员。

演出引起了巨大轰动。几个月后，我们把这部剧搬上了坐落于海军码头的芝加哥莎士比亚剧院。随着丑闻主角布拉戈耶维奇在一场演出中亲自上场扮演自己，这一轮的“是的，而且”原则完美收官。美国福克斯电视台和全美广播公司有线电视新闻频道以及其他全国性电视台争相报道，《早安美国》也在节目中提到了这场演出。我们创办了第二家公司并带着这部剧一路南下，到了伊利诺伊州首府。随着丑闻的发酵，新闻发布会不断召开，媒体也每天滚动播放电话窃听录音，当观众听到台词对这些内容几乎一字不差的引用时，剧场里欢笑声不断。我们的剧也会每晚根据新发布的信息进行及时调整和更新。

这部剧演了一年多，演出的成功让所有的参与者都获得了不错的经济收益。没有“是的，而且”原则，这部剧压根就不会诞生，也就自然不会有这样的成绩。

有时，仅是知道你的同事们会在面对高风险问题时坚定地站在你身旁，一切就会充满无限的可能和希望。

5. 在说服他人时

在生意场上，我们需要花费大量时间、金钱和精力去说服他人。无论你是等着敲定大额交易的销售、建议把项目一股脑外包的顾问，还是在公司内部争取更多预算的市场部主管，你都会知道获得桌子对面的人的支持有多么艰难。在任何高风险决策过程中，必然都会有人持反对意见，要想获得对方的支持，你首先得尽可能地避免造成对抗的氛围，这时候就用得上“是的，而且”原则了。它能帮助你站在对方的角度，理解对方合理的担忧，找到双方的共同点，保证沟通的大门不被关闭。

在我们的客户中，有经历过交易失败的，也有建议不被老板采纳的，他们之所以失败并不是因为产品不好或者建议不周，而是因为他们没能构建起信任的氛围。而在签订新协议和建立新合作关系时，信任的氛围才是最关键的因素。第二城传播部曾经受邀帮助一家知名管理顾问公司，根据他们客户的反馈，这家公司提供的分析和建议很专业，但顾问们傲慢自大，时时摆出高人一等的姿态，他们的客户觉得跟这些顾问沟通实在让人心情糟糕，于是纷纷选择另请高明。这很正常，既然是合作，我们当然希望对方有合作意识，而不是咄咄逼人。

首先，我们需要想办法帮助这家公司的顾问们认识到自己的问题，但又不能引发他们的抵触情绪，毕竟没人喜欢被告知自己很傲慢。我们用了几个方法。例如，我们编排了几个幽默小品，从客户角度讽刺商谈中典型的沟通问题，我们创造了一个叫“包打断”的角色，他一张嘴就滔滔不绝，不给其他人说出一个完整句子或者表达一个完整意见的机会。这些小品让顾问们大受震撼，他们结合自身，意识到与客户沟通时往往只关注自己的正确性，而忽视了客户的感受。然后，我们组织了一系列培训课帮助顾问们提高倾听技能，重点帮助他们学会用积极的语气进行交流，让他们懂得如何使忠言不逆耳。

跟绝大多数案例一样，在这个案例中“是的，而且”是支持我们与客户合作的中心思想。**我们的目的不是教会客户怎么说话，而是鼓励他们改变沟通的态度和方式，让交流更加具有合作性，从而寻找方法达成协议。这种态**

度才是生意场上的制胜工具。

在我们第二城，创新是日常的一部分，即兴表演就是在不断地创新。虽然我们的创造力一部分来自我们的员工，他们天生就有创造力，但事实远非如此，是“是的，而且”原则把我们所有人凝聚起来，引领我们持续推出创意作品、扩大事业、吸引更多志同道合的人加入我们，而这些注入公司的新鲜血液又会给我们带来更多创意。

为点子添加新火

前面的例子向我们展示了“是的，而且”原则是有效的管理工具，但它也在以不那么明显的方式影响着商界。我们完全可以说，在我们的日常工作生活中，“是的，而且”无处不在，时刻运转。

怎么，不相信？“是的，而且”的功用在技术界有两个好例子：维基百科和 Linux 系统。

许多人都接触过维基百科，尤其是如果你们家有个总赶不上学期论文截止日期的中学生。维基百科的词条内容是由使用者共建的，也就是说任何人都可以创建、编辑或者增补已有的内容，无论词条是“无线电波”还是“收音机头乐队”（Radiohead）。与“是的，而且”在舞台上的运作方式一样，维基百科以被我们称为“探索与推进”的模式运行，这意味着先有人贡献出点子，在这个点子的基础上大家一起发展、深挖，有时对其重新定向。“探索与推进”是脱胎于“是的，而且”的即兴表演原则。一旦你掌握了如何共建，“探索与推进”能让你创作出有意思又有意义的东西。能提出好点子当然很棒，但最终的成功还是来自我们对点子的深入挖掘。尽管这种方法可能会带来一些离谱的词条和非原创的学期论文，但它的根本原理——“是的，而且”思维的强大力量是我们有目共睹的。

再说 Linux。这是一种以自由和开放源代码形式开发而成的类 Unix 的操作系统。对于软件开发我们一无所知，我们也不打算假装内行，但是我们认为这是另一个“是的，而且”原则在暗地里起作用的例子。程序开发者们能使用和修改已有的代码，利用它做很创新的事儿——他们确实已经做到了。现在绝大多数服务器和大型主机用的都是 Linux 系统，90% 以上的全球最快超级电脑都采用了某个版本的 Linux。这一切都源于林纳斯·托瓦兹（Linus Torvalds）于 1991 年开发的 Linux 内核。谢谢托瓦兹如此聪明的创举，也感谢世界各地的开发者以“是的，而且”的态度发展了托瓦兹的创意，共同建设出了如此实用的操作系统。从本质上说，Linux 系统是实践“是的，而且”原则的最强大、最无私、最利民的例子。托瓦兹和全球开发者，请接受我们的敬意吧，你们或许都不知道，你们称得上世界级即兴大师。

运用“是的，而且”构建阵容和纠正错误

在日常工作中运用“是的，而且”原则有一些注意事项。

在日常工作和社交场合中进行头脑风暴或者交谈时，运用“是的，而且”意味着你不仅要提出自己的构想，也要甘当绿叶，支持其他人的构想。

哪怕是对于笃信“是的，而且”原则的人来说，这都绝非易事。“配角”在生意场上的作用举足轻重，但是在当今社会，人们更艳羡身居高位的执行总裁、风投公司的亿万富翁、叱咤风云的企业家以及各种明星和名人，这些人才是大众眼中的超级巨星。以前“名人”是好莱坞巨星和运动健将的专有头衔，在现在的媒体文化时代，例如《卧底老板》（*Undercover Boss*）和《鲨鱼潭》（*Shark Tank*）之类的真人秀节目以及有线电视台的各种商业新闻节目让每个人都有 15 分钟一举成名的机会。很显然，安迪·沃霍尔（Andy Warhol）很有远见。

独领风骚、万众瞩目的英雄身份让人神往，毕竟它能带来的好处是最直接的，尤其是在电影里。所以我们经常忘了支持和发展其他人构想的重要性，但是这才是更现实的。“是的，而且”原则能让我们构建更好的阵容，而无论是在舞台上还是在工作场合，优秀的团队都能让每一位团员成为明星。

如果你曾经历过改变的艰辛，或者感受过刚起步就失败的痛苦，给自己打打气吧：绝大多数伟大的构想刚开始的时候都不伟大，许多最好的发明来源于幸运的意外和对错误的反思。例如：

- 心脏起搏器原本是一种被用于借助射频降低人体体温的装置；
- “弹弹环”[①] 本来是为战舰而设计的配件；

① Slinky，一种螺旋弹簧玩具，如果把它放在楼梯上，它就会在重力和惯性的共同作用下沿着阶梯不断伸展再复原，呈现“拾级而下”的有趣状态。——编者注

杰出的即兴表演者懂得如何处理失误，我们善于化劣势为优势。失误会造成一时的压力，但只要你掌握了“是的，而且”的思维方式，失误也会提供新思路和创造新可能。我们常说“要把惊吓变成精彩”，上面的例子证明，一旦你能克服自身的恐惧感，哪怕是失误也可以激发出无穷的潜力。

“是的，而且”的肯定和建设作用

“是的，而且”之美在于它能让团队从无数零散的小点子一步一步地构建出一个大构想。在第二城，我们用一句格言来向新演员和新客户解释创意过程：“带一块砖来，而不是一座大教堂。”有时某个即兴演员在一场戏还处于萌芽阶段的时候就爱上了某个完全成型的构想，而且会强迫团队成员也接受那个构想，哪怕它并不怎么样。这就是我们所说的“带来了一座大教堂”，但团队需要的只是一块砖头。**成型的“教堂”让所有人都不再有发挥创意的机会，“砖块”则让创意百花齐放。**

我们会在第二城培训中心用一个名为“单词故事接龙”的小游戏为入门级学员展示这个想法的力量。单词故事接龙这么玩：通常 6 ～ 10 名参与者围成一个圈，大家轮流发言，共同创作一个故事，每次每人只能往故事里加一个词。许多人都觉得这个小游戏很难，尤其对于惯于独自创作的人来说，因为他们很容易产生满脑子的创意或者想要把控故事的走向，但是他们又不能，因为轮到他们的时候他们只被允许往故事里加一个最符合逻辑的词。如果你是团队里最聪明的那个，你会想着用个高级词来惊艳四座。的确，有时候最符合逻辑的词的确可能是个高端的、不常见的多音节词，如四个音节的 rhinoceros（犀牛），但是有时候，唯一符合逻辑的词是简简单单的“而且”。

对于A型人格[①]的人来说，这个小游戏非常有意义，它能提醒团队里的每一个人在某个时刻都必须扮演配角，谁也不能永远当明星。这个小游戏一般为时几分钟，可以想象以这种方式编出来的故事充满了搞笑和意想不到的情节转折。每一位参与者都用自己独特的方式肯定他人和建设剧情，团队共同创作出来的作品比任何一个人单独创作的故事要有趣得多。

有些人真的无法适应这个小游戏。许多人都忍不住要表达一个大构思——“完全成型的教堂”，或许是为了得到所有的功劳。在“单词故事接龙”里，这些人总在无意识地争夺把控权，他们会破坏游戏规则。例如，明明只能说一个单词，他们却说出整个句子以决定故事的走向；他们无视前面参与者说的内容，生硬地把自己的想法塞进故事里，也不管它是否符合逻辑；当他们不喜欢故事情节时对其他人的贡献横加指责。

听起来是不是很耳熟？是不是很容易联想到我们在自己单位里看到的类似行为？有些人想到一个点子就会死守着不放，不听不顾别人的意见。诚然，有时候好点子确实是这么产生的，但更常见的情况是最初的那个点子并不能达到预期的效果。当我们的培训课里出现这种状况时，我们做的第一件事是利用这些人总想把事情“做对”的心理，诉诸他们的理智或者虚荣心，说服他们遵守游戏规则。接下来我们会强化这个游戏要传达的思想：所有参与者都是这个故事的创作者；我们中最有创意的成员、最喜欢单干的独行侠，即使在创作过程中只是扮演比较小的角色，也能持续地做出重大贡献。领导者们应该更频繁地在单位里分享这个想法。

① 美国学者迈耶·弗里德曼（Meyer Friedman）及其同事提出的人格理论将人分为了 A、B、C 三种类型，其中 A 型人格的人性格表现为容易急躁、雄心勃勃、争强好胜。——编者注

这个小游戏能教会我们什么？首先，每一份贡献都很重要，哪怕是那些看似很小的贡献。大多数公司往往只在口头上表示肯定，却不给予实际嘉奖；而那些有实际嘉奖的公司，也就是完全认可“是的，而且”原则的公司，往往能迎来创新成功率的飞速上升。当你发动团队齐心协力共建一座“教堂”，而不是等着某一个人一次性完成它时，你就能用更少的时间干成更多的事。

其次，由于每一份贡献都很重要，所以每个人都有义务参与和贡献自己的力量。谁也不能选择不参与或者不走心，因为那会拉整个团队的后腿。这个练习让所有人明白，无论你的性格是开朗大胆还是安静内敛，如果你不尽力做出自己最好的贡献，就会影响到整个团队。

最后，参与者可以借助这个练习尝试把掌控权归于团队，而不用担心有任何潜在的损失。同时，它也能向大家证明，当大家不再试着掌控每个结果时，会有怎样的大惊喜发生。无论是在这个训练里还是在真实的工作环境里，“集体的智慧永远大于个人的智慧”这句话都是适用的。

“是的，而且”不能“包治百病”

很显然，我们是“是的，而且”的忠实拥护者，你甚至可以说第二城长达 55 年的历史就是“是的，而且”原则有效性的铁证，通过不断地肯定和发展有用的点子，我们从一个芝加哥的小舞台成长为一家全球性的娱乐和教育机构。我们把“是的，而且”当作动词用：开会的时候我们会“是的，而且”同事的点子；在考虑涉足房地产业务、进行风险投资、开启新商业合作项目时，我们也会“是的，而且”。

但是，这并不意味着我们把“是的，而且”原则当作包治百病的仙药。

“是的，而且”不能取代“不行”

就算我们是“是的，而且”原则的忠实拥护者，我们也明白它有局限性，在有些时间、场合能用它，而有些时候不能用它。在我们举办的公开或私人培训课里，总会有人强烈质疑“是的，而且”原则在公司文化里的实用性。他们会说：“说实在的，不是每个点子都是好点子。如果我们陷入支持坏点子的泥沼，哪有时间和精力有创造性地做好自己的工作？”

我们从来都不提倡大家或公司对每个点子说“是的”。就像多才多艺的喜剧演员看似无所不能，但实际上他们也有“不能”的时候。“是的，而且”原则也一样，它也有局限性，有时候我们需要断然地告诉别人“不行”。甚至有时有人假借“是的，而且”，实际上是为了操纵人心以达到自己的目的。

“是的，而且”不能替代判断、品质，甚至常识

“是的，而且”仅仅是适用于最初阶段构思的最好方法，因为它能让个体和团队以最佳状态带来自己最好的点子。

正如球员在正式比赛前会在球场练习投球热身，参加头脑风暴的团队也

需要同样的热身运动，才能在正式讨论时激发出创意的火花。在创意过程一开始就采用“是的，而且”的方法能促进大家为接下来的沟通做好准备。

在这个阶段你会从合理性、前景性等各方面判断、剖析每一个点子，然后会否掉一些点子。但在此之前，它们都应该得到完整的表达和尊重。

“是的，而且”有时会被狡猾的人拿来做坏事

不少人对“否定的艺术”掌握得炉火纯青，以至于他们懂得用“是的，而且”来掩饰“不”。在 1997 年的讽刺短剧《迷失的典范》(*Paradigm Lost*)中，蒂娜·菲和斯科特·埃德希特（Scott Adsit）用一幕戏生动地诠释了这种狡猾的话术。蒂娜·菲在第二城期间对性别歧视和政治问题体现出了极深的洞察力。在这幕戏里她和埃德希特扮演两个准备开展合作研究项目的博士，这是他们的初次见面，埃德希特走进房间的时候蒂娜·菲正在批改学生论文：

斯科特·埃德希特：在改学生论文？
蒂娜·菲：是的。
斯科特·埃德希特：论文的主题是什么？
蒂娜·菲：凯沃基安[①]。
斯科特·埃德希特：哦，他真是个恶魔！他应该被永远关起来，你不觉得吗？

① Kevorkian，人称“死亡医生”，是美国病理学家、安乐死推广运动者。——译者注

蒂娜·菲：　　　　　哦？你不喜欢凯沃基安？
斯科特·埃德希特：哦，那可是个可怕的人！谋杀犯！

演到这里，很明显埃德希特扮演的教授在道义上反对凯沃基安的职业操守，反对医疗人员为病患施行安乐死。

蒂娜·菲：　　　　　但是既然陪审团判定他的案子不成立，那么说明从伦理和法律角度都很难界定他的对错吧。
斯科特·埃德希特：真的？
蒂娜·菲：　　　　　安乐死涉及的伦理问题是现行法律解决不了的。我的意思是，看到他协助自杀的那些患者没？他们的肉体饱受病痛摧残，而他们的精神又完全清醒，那种痛苦真是难以想象。

蒂娜·菲的回复显然表明，在凯沃基安问题上她不赞同埃德希特的观点。接下来看埃德希特扮演的博士是怎样偷梁换柱地把蒂娜·菲的观点硬说成是自己的观点的。

斯科特·埃德希特：可不，他们显然很痛苦。但是这些人已经走到了生命的最后阶段，他们总不会希望某个陌生人就这么走进来坐在他们的床边告诉他们是该生还是该死吧？
蒂娜·菲：　　　　　当然不会，他们会希望自己做决定。

斯科特·埃德希特：是的，这就是我想说的，他们应该自己做决定。如果他们想结束自己的生命，那么就应该允许他们那么做。我很高兴有凯沃基安这样的人愿意帮助他们。他居然被告上了法庭，这太让我吃惊了。

蒂娜·菲：所以我们观点一致？

斯科特·埃德希特：是的，我是支持凯沃基安的。

为了突出这幕剧的讽刺效果，蒂娜·菲和埃德希特把它命名为《是的，而且》。

“是的，而且”的敌人并不总是房间里喊“不行”喊得最大声的那些人。有些人往往嘴上说着“是的”，行为上却处处在表明“不行”。实话实说，跟所有其他公司一样，我们第二城也常出现这种现象，只要在我们的制作团队里走上一圈，就能发现在我们这个即兴表演的圣地，我们这个笃信“是的，而且”的地方，也在上演着各种各样的反“是的，而且”行为：

- 守株待“不”：如果你是团队的领头人，当你的团队达成了某个你不喜欢的共识，只要加入更多的声音，你总会等到你想要的那个“不”。
- 越俎代庖：你可以打着“是的，而且”的旗号不请自来地插手别的部门的事务。它成了让你多管闲事的理论依据，只要宣称你是在“是的，而且”，就可以名正言顺地插手自己既不熟练又不被欢迎的领域。
- 隔岸观火：有时作为旁观者，你能清楚地看到人们已经站在了失败的边缘，如果你不喜欢他们，只要“是的，而且”他们的点子就好，这么一来你既可以看着他们搞砸，又不用背负没有团队精神的罪名。

- 明修栈道，暗度陈仓：有的人表面上说“不行”，实际上暗自把别人的点子据为己有，之后再拿着这个点子去邀功。
- 缓兵之计：有时候你说“是的，而且”只是为了暂时堵住别人的嘴，反正你也知道他们最后会忘记自己最初提出的那个构想。这是避免说“不”的好办法。
- 明哲保身：干脆不表明自己的立场。当你什么决定都不做的时候，没人能指责你做了个坏决定。

总而言之，人们总有说“不”的理由，就像在我们的工作中难免遇到挑战“是的，而且”模式的人。我们能做的就是在头脑风暴之初提醒大家本着“是的，而且”的心态，给予团队练习“是的，而且”的机会，以及借助一切能用的工具，如语言、肢体动作、幽默等。带头做出包容的表率，并表明你期望其他人也能为别人提供空间发挥自己的才智。

从我们与企业客户的合作经验来看，“不行”往往是默认的答复，人们总是下意识地用它来规避风险和失败。这完全可以理解，但是随之而来的代价也是显而易见的：人们不再乐于贡献自己的点子，新方法还没来得及试水就被否定，出于对被拒绝的担忧而不敢大展拳脚。我们确实很难量化“不行”文化可能带来的负面影响，但是它会以各种各样的形式显现出来，包括客户的高度不满和低迷的员工士气等。

最后我们要说的是，如果你想营造一个快速、有创造力、互帮互持、高

效运作的工作环境，那么你就不能把“不行”当作下意识的默认答复。“是的，而且”能带来速度、能量和进步的动力，也能让践行它的人对工作和生活充满信心，让他们从无到有地创造出精彩。

YES,AND 即兴训练指南

1.“是的，而且”，是即兴表演的基本原则。这一原则要求你必须相信其他人会支持并发展你的点子，同样，你也必须支持和发展其他人的点子，无论你是否喜欢他们最初的点子。
2. 要在企业里建立“没错，而且”文化，你必须先摆出“没错，而且”的姿态，用自己的行为带动旁人。
3.“是的，而且”5 种运用场景：在人际和团队交流中，在培训和反馈环节中，在头脑风暴和构思过程中，在解决问题和化解冲突时，在说服他人时。
4.“是的，而且”不能“包治百病”：
   - “是的，而且”不能取代“不行”；
   - “是的，而且”不能替代判断、品质，甚至常识；
   - “是的，而且”有时会被狡猾的人拿来做坏事。

YES, AND

第3章

秘诀二：

构建阵容而不是打造团队

协作性造就了好阵容，而不是好阵容带来了协作性。

团队建设是商界经久不衰的话题，我们也提供各种团队建设课程来帮助人们强化个人在群体中的作用，从而使群体得到整体提升。但是在第二城喜剧团，我们用另一个词来指代共同参与创意活动的人们：阵容。以下的定义能让你品味出团队与阵容之间的微妙区别：

- 团队：在某个游戏或竞赛中由多人组成的一方。
- 阵容：包括某个事物的所有组成部分，其中每个部分都是构成整体的不可或缺的成分。

“团队”一词暗含着竞争关系的存在，而竞争意味着多方并存，该群体不得不面对对抗其他外敌的情况。“阵容”则没有这样沉重的负担，它是独立存在的实体，只有当一个群体作为一个单独的整体有序运作时才体现集体的真正价值。

运动场上的团队有首发队员、替补队员之分，这些分工把队员们划成三六九等——你可以随便找个高中橄榄球队问问，任何一个队员的家长都能告诉你哪些队员是球队的中流砥柱，而哪些队员可有可无。阵容则不然，乐团就是一个阵容。诚然，在乐团里也会有首席、次席、三席演奏者的划分，但是所有演奏者都在舞台上各司其职，几乎每一个乐章都需要他们协力奏出，缺一不可。

在第二城，我们致力于构建阵容而不是打造团队。无论是管理层还是员工都能从高效运作的阵容中获益良多：管理者能省心，因为这样的阵容就像磨合了无数次的乐团，各个成员既能自主地产生点子和执行指令，又能和谐地与公司保持统一步调；员工也能开心，因为在与自己水平相当或比自己优秀的同事共事的过程中，他们能不断进步。在一个阵容中，每位成员各自身怀绝技，与他们的通力合作必然使你的能力稳步提升。第二城的历史就能证明这一点：在过去的50年里，我们剧团产生的喜剧明星数量在同行业中遥遥领先。

简而言之，在我们这里，明星脱胎于阵容，却不会牺牲整个阵容的利益；因为随着阵容整体实力的不断攀升，明星是自然而然的产物。

这里需要说清楚的是，我们并不是反对“团队”这个词，事实上在谈到我们公司内部的部门或与我们合作的许多公司时，我们也经常用到“团队”。但是与高效运转的阵容相比，“团队”缺了点深度和同舟共济的意味。

本章将向你阐述构建阵容的重要性，我们会给出一些构建阵容的具体实例，也会介绍第二城的相关经验，以及我们是如何把这些经验和方法推广到其他行业的。我们会探究哪些因素能成就最好的阵容，也会探讨哪些因素会阻碍阵容的形成。鉴于不是每个公司都具备从零开始打造阵容的能力，我们会提供一些具体的操作来帮助你把公司里已有的队伍逐步转化为阵容。

用阵容留住人才

我们先来看一句话：成功的独奏极少是真由一个人独力完成的。我们常听到一个荒诞的美国故事：某个怀有雄心壮志的企业家在追逐梦想时一路被人嘲笑讥讽，直到他凭借非凡的毅力闯出一片天地，在逐梦的过程中，这位志向高远的勇者以人挡杀人、神挡杀神之势披荆斩棘，荡清一切挡在面前的障碍，这往往包括没有站在他身后全力支持他的朋友、家人和其他人。这种情节拍成电影肯定叫座，但是这绝不是故事的全部。在每个成功故事里，都有无数有创造力或没有创造力的配角为故事的主角最后攀上巅峰做出贡献，然而从福特到乔布斯，我们看到的简化版的成功故事都抹去了这些配角的身影。

除非你能以一己之力跑整个接力赛，否则你的工作大概率需要用到你的沟通能力，这些沟通对象中可能包括你精心挑选出来的帮手，但更多的是你没得选却又不得不与之打交道的人。

所以你的日常工作几乎就是不断地与其他人打交道。但到了需要你创新的时候，你就必须把这种社交互动提到另一个水平了。任何公司在承担一个重大项目的时候，都会组建工作组和团队，因为他们知道，只有所有团队成员齐心协力地为同一个目标同步努力，项目才能成功。

从硅谷到SOHO，以合作、混搭和合伙形式形成的阵容已经成了创新企业中一股强大的力量。位于芝加哥的领投基金（Lightbank）是埃里克·莱夫科夫斯基（Eric Lefkofsky）和布拉德·基韦尔（Brad Keywell）创立的风投公司。通过为致力于开发颠覆性技术的科技初创公司创建一个商业生态系统，走在时代前端的领投基金已经成了行业翘楚。漫步于他们在芝加哥河畔的办公区，你会看到各种各样的公司，如Belly、Locu、Qwiki和Hipster等，它们在共享空间和资源。这样富有创造性的安排使得优秀的经验得以快速传播，顶尖人才汇集于此，每天都在产生意想不到的成果。莱夫科夫斯基和基韦尔通过消除距离障碍创建了一个集体。他们笃信来自不同领域的创造性人才在并肩共事一段时间后能够绽放更大的异彩。在共享空间里，那些起初不经意的互动可能会带来令人惊喜的新发现和新想法。

合作能产生协同效应

在艺术界，埃尔维斯·科斯特洛（Elvis Costello）发现合作专辑往往比他的个人唱片卖得更好。从阿尔文·艾利（Alvin Ailey）到特怀拉·萨普（Twyla Tharp），这些杰出的当代编舞大师都从她们的舞蹈者（有时是从舞蹈者的即兴之作）那里获取过灵感，并将之创作完成。红极一时的百老汇音乐剧《半醉伴护》（*The Drowsy Chaperone*）起初只是几个加拿大多伦多的作者和演员于1997年送给第二城的校友鲍勃·马丁（Bob Martin）和珍妮特·范·德·格拉夫（Janet Van de Graaf）的结婚礼物。后来，他们决定把这个“礼物”编排成完整的剧目在多伦多穗艺节（Toronto Fringe Festival）上演。然后，多伦多久负盛名的米尔维什制作团队与这些创作者们联手把它推上了 160 座的墙外剧院舞台[1]，进行更大范围的商业推广。再然后，它发展成了更大的制作，并登上了能容纳 1 000 人的冬季花园剧院舞台。在一些百老汇制作人加入团队之后，《半醉伴护》于 2006 年在百老汇进行首演，随后赢得了“托尼奖最佳音乐剧”奖。

然而，每当我们为合作可能带来的光明前景欢欣鼓舞时，美国在线时代华纳或绿洲乐队（Oasis）的失败案例又不免给我们带来一丝阴霾。现在回头看，美国在线时代华纳并不是真正实力相当的强强联手。在并购时，美国在线的资产是时代华纳的近两倍，却只有时代华纳约一半的现金流。此外，据内部员工所说，两家公司的企业文化始终没能契合。至于英国摇滚乐队绿洲，也因为核心人物盖勒格（Gallagher）家的两兄弟而经常闹得不可开交。

构建一个优秀的阵容能让你接纳个体差异，甚至截然不同的观点，并能把他们整合在合适的位置上让他们取长补短、相辅相成，以至于阵容的整体效能远大于任何个体单打独斗的表现。杰出人才之间迅速的思想交流能带来源源不断的创造和创新，而且在打造这个人才济济的阵容的同时，你也为自己公司的生存和成长打下了坚实的基础。

敞开怀抱迎接新阵容

许多年前，以讽刺新闻著称的《洋葱报》（*The Onion*）刚把总部从纽约搬来芝加哥时，他们的行政主管来访，我们聊着聊着话题就转到了如何防止

① Theatre Passe Muraille，加拿大最具影响力的另类剧院之一。——译者注

人才流失上。“你们是怎么留住人才的？”他们问道。“我们不留人才。”我们答道。

在第二城，我们培养年轻的喜剧人才，往往为他们提供第一份专业的舞台工作机会，但是不可避免的是他们也会离开。第二城的独到之处在于创建了一个能够持续更新创造活力的机制（这种高瞻远瞩的运作方式早在我们加入这家公司之前就已经确立了）：第二城的每一代艺术家都会把即兴表演的方法传授给下一代，当某位常驻演员离开时，也就给下一个最优秀、最耀眼的喜剧演员空出了位置。这种人才的更迭告诉我们，所谓阵容并不是由某些特定的人构成的恒定集合。在第二城，“阵容”指的是一种聚合机制。**每一个阵容都是独一无二的，每当一个成员离开或者加入，就会形成一个新的阵容。**在公司运作的最佳状态，我们敞开怀抱迎接新的阵容，欣赏和庆贺它与上一个阵容的不同之处。我们珍视之前的成员给阵容带来的贡献，但重要的是，我们不会要求新阵容一成不变地复制先前的套路。相反，我们重视新成员带来的新点子，也允许阵容不断地改变，自然地成长为具有自己特色的新生命体。

在公司内部培育阵容会给你带来明显的优势。举个例子，与其将所有希望放在独唱身上，寄希望于他带领乐团走上巅峰，倒不如组建一个优秀的合唱团，凭借所有人的共同努力创造辉煌。阵容的作用也在于此，它让你不再需要依赖于某一个出色的人领导整个机构，而是有了一群杰出的人将自己的切身利益与公司紧密联系在一起，所有人都对公司有强烈的责任感，主人翁意识让他们以保护、维持、发展公司为己任，同时他们也乐于接纳新的创意人才。除此之外，阵容的形成能让每个人都在团体中享有地位，感受到自身的价值，充满干劲地为公司做贡献，故而减少人才流失的现象。人才势必会被更大、更好的机会所吸引，那么为什么不为他们提供充足的机会，让他们成为更大集体的一部分，让集体的成就远超个人所能创造的更大的辉煌呢？

只有高效能的阵容才能“迎来送往”人才而不影响公司的发展大局。第二城自 1959 年 12 月 16 日成立伊始便是如此，从来不曾把新成员拒之门外，而是永远欢迎新人加入我们的阵容。

重要的不是搞定工作

公司越大，维持具有凝聚力的阵容就越困难。绝大多数商界人士并不愿意把公司分割成各自为政的各个部门，但是他们也意识到，在任何大项目中，牵涉的人越多，事情就越错综复杂，进展也越缓慢。

面对这种情况，在大项目中挣扎的人通常会本能地做出大多数理性的人会做出的选择：他们把自己的成果紧紧攥在手里，同时缩小与他人的交集，尽量与最少的人交换意见。据说这被称为“拯救大兵瑞恩”效应——人们只愿意为与自己最亲近的一小群人倾尽全力。在《拯救大兵瑞恩》那部影片中，被派去搜救大兵瑞恩的战士们最终是为了彼此抛头颅、洒热血，而不是为了更为抽象的自由和民主信念。无论是在战场上还是在大公司里，应对复杂局势最简单也是最自然的反应是避免不必要的合作，省得给本就千头万绪的事务增加困难和风险。

虽说合作不易，但经验告诉我们，紧密团结、高效运作的阵容能创造出个人无法“独力”取得的成就。

我们每天都在我们的舞台上见证这一点。在过去的50多年里，我们坚持“群策群力搞创作”的原则，从而保证了第二城能源源不断地推出佳作。此外，我们还把这个经验推广到许多其他行业：用它帮助教师与学生共建更有成效的课堂；协助非营利组织领导者赢得社区的支持；将本来各行其是的公司员工真正聚合起来，点燃他们创新的火花。

我们与医疗设备公司邦美（Biomet）的合作，证明了我们对于人才管理和培育的方法能够被成功迁移到表面上看起来与我们全然不同的领域。我们的合作对象是邦美的一个团队，他们当时面临的重大挑战简直让他们焦头烂额。这是一支跨国团队，大部分成员在设立于美国和英国以外其他国家的分部工作。他们迫切地需要克服时差和文化差异，加强各区域分部之间的联系。虽然从事的是受到高度监管的医疗设备行业，但他们仍希望能鼓励员工们成为更愿意花心思、更有创意的人。一方面他们想放权，让各地的队伍在当地有决策权；另一方面他们又需要帮助分队们有效地管理冲突，以便在大局上保持步调一致，甚至在难以达成一致意见的情况下也能取得进展。

经过几次接洽，我们设计了一系列培训课，旨在帮助他们以超越文化差异的方式进行更为坦诚的沟通，打造更有凝聚力的阵容。同时，我们向他们展示如何创建一个能鼓励、支持大家为长期存在的问题提供创造性解决方案的安全、可靠的职场环境。在这系列培训课里，我们开展了数十种即兴练习，每种练习后都会有专人讲解，将之与实际运用结合起来。第二城培训中心创始人之一谢尔登·帕丁金（Sheldon Patinkin）常说：“即兴游戏的妙处在于只要参与其中便能建立起合作无间的阵容。”

我们尝试的一项极为有效的训练叫“不要说‘我’”。从名字就能知道，这项训练要求对话双方在交谈中不能使用“我”这个词。训练课向来允许参与者天南地北无所不谈。自由的话题让交谈者把注意力放在不说“我”上，而不是与工作相关的问题上。我们发现一旦话题与工作相关，就偏离了这个训练的本意。“不要说‘我’”帮助人们意识到在分享点子、给出反馈或提出建议的时候，他们自己的视角是如何过滤信息的。继而他们将学会如何用更为简明易懂的方式与阵容里的其他成员进行沟通，从而显示出更强的同理心，使得同事乐于参与其中，或者至少能在有意见分歧的时候把冲突最小化。这项趣味性极强的训练能促进人们建立“他人导向”的价值观。训练过后，我们会讨论游戏攻略、总结经验：在分享想法或评估其他人的建议时，怎样才能更好地意识到自己的观点。正如《了不起的盖茨比》的作者菲茨杰拉德所说：“同时保有两种截然相反的观念还能正常行事，是第一流智慧的标志。”阵容中高效的个体们总是在寻求这种动态平衡：一方面，他们会想办法让别人倾听他们的观点；另一方面，他们也很清楚，无论自己的观点多么绝妙，只有被别人接受，它才能被执行。

成功的阵容成员还具有其他优秀的特质，包括即兴发挥的能力、相互迁就的意识，以及敢于试错的勇气。**要造就这样完美的阵容，首先需要从选人开始，在戏剧行业里它被称为“选角”，而公司管理中可能被称为“招聘”。**

你必须明白的第一件事是，将一群人聚合成一个同心同德的阵容绝非易事。在一次表现极其糟糕的即兴表演之后，担任第二城导演多年的杰夫·里士满（Jeff Richmond）在便签上潦草地写下了一行抱怨的话扔在制作人桌上：“这是有史以来最没有效率的艺术创作方式！”

原因如下：当一群人聚在一起时，你很容易受到其他人的情绪、看法、心境等方面的因素影响。你需要在群体中建立并维护共识，需要时刻敏锐地察觉团体动态是如何影响到每一个人的，还必须关注每个人如何反过来影响整个群体的。人本来就无比复杂，由人构成的阵容当然也是如此。

阵容必须不断地根据团体动态的变化做出调整。在有剧本的表演里，由导演指导和协调每个演员，虽然演员们可以加以演绎，但他们的台词会严格地照着剧本走。在公司里，大家的职业往往也是以这种动态模式开始的。公司会发给我们“剧本”，也就是职责说明，如果我们照章办事就能每星期安稳地拿到薪水。但是在任何公司，只要你想升迁，就不能只依赖于别人给你“剧本”，往往你需要给自己，同时也给别人写“剧本”。换言之，你不能满足于完成公司规定的职责，而要主动地做得更多、更好，而在此过程中，势必也会连带地改变与其他人的互动方式。因而阵容中的每个人都需要很灵活，才能保证整体的顺畅运作。

这种灵活的阵容合作事例在体育界也比比皆是。20 世纪 90 年代是芝加哥公牛队的时代，乔丹、皮蓬、科尔等人凭借着在反复练习中锻炼出来的运动本能叱咤风云，开创了公牛王朝。但促成这个传奇成就的更重要原因在于这支队伍里的每个优秀成员都能放下个人的荣耀，以集体利益为先。乔丹可以称得上是篮球史上最伟大的球星了，在率领公牛队赢得 NBA 总冠军之前他已经打了七个赛季。在其他队员回家之后，乔丹还会长时间一丝不苟地练习罚球这种基础技能，他的敬业精神可谓无与伦比。但直到菲尔·杰克逊（Phil Jackson）教练说服这位超级球星采用他的“即兴竞赛计划”，芝加哥公牛队才接连斩获 6 次世界冠军。正如杰克逊教练所言：“与橄榄球不同的是，篮球没有预先规定好的路线，它是一项即兴的比赛，类似于爵士乐。场上一旦出现缺漏，就需要有人迅速做出反应补上缺口，以维持球队原本的攻守之势。”

在商界，企业领导人们正在逐渐意识到只有阵容才能带来质的飞跃。在 2009 年接受《纽约时报》采访的时候，达登餐饮（Darden Restaurant）首席执行官小克莱伦斯·奥蒂斯（Clarence Otis, Jr.）借用自己的舞台表演经验解释了阵容的重要性：“重要的不是搞定工作，而是构建阵容。所谓惟器是适，把合适的人放在恰当的位置上让他们放手去做。”

优秀的阵容首先是以人才为基础的，还记得之前我们提到过的杰夫·里士满在刚开始时有多崩溃吧，但后来他再加入阵容参与制作电视剧的时候，创作出了有史以来最成功的喜剧之一《我为喜剧狂》（*30 Rock*）。当磨合后的阵容开始步调一致地运作，就是见证奇迹的时刻了。

不要只寻找表现最好的人

大家都喜欢看名单，一方面是因为名单读起来毫无难度；另一方面则是因为光看名单就能让我们浮想联翩地在脑中展开故事。下面这个众星云集的名单看起来怎么样？

迈克·尼科尔斯（Mike Nichols）、伊莲·梅（Elaine May）、爱德华·阿斯纳（Ed Asner）、谢力·伯曼（Shelley Berman）、杰瑞·斯蒂勒（Jerry Stiller）、安妮·米拉（Anne Meara）、艾伦·阿

金（Alan Arkin）、芭芭拉·哈里斯（Barbara Harris）、赛文·达尔登（Severn Darden）、佛莱德·威拉特（Fred Willard）、琼·里弗斯（Joan Rivers）、罗伯特·克莱恩（Robert Klein）、艾伦·艾尔达（Alan Alda）、大卫·斯坦伯格（David Steinberg）、瓦莱丽·哈勃（Valerie Harper）、琳达·拉文（Linda Lavin）、迪克·沙尔（Dick Shaal）、彼得·伯耶尔（Peter Boyle）、丹·艾克罗伊德（Dan Aykroyd）、约翰·贝鲁西、吉尔达·拉德纳、比尔·默里、约翰·坎迪、凯瑟琳·欧哈拉（Catherin O'Hara）、马丁·肖特（Martin Short）、尤金·列维（Eugene Levy）、哈罗德·雷米斯（Harold Ramis）、戴夫·托马斯（Dave Thomas）、安德列·马丁（Andrea Martin）、乔·弗莱厄蒂（Joe Flaherty）、贝蒂·托马斯（Betty Thomas）、吉姆·贝鲁西（Jim Belushi）、蒂姆·卡祖林斯基（Tim Kazurinsky）、谢莉·朗（Shelley Long）、乔治·温迪特（George Wendt）、邦尼·亨特（Bonnie Hunt）、迈克·迈尔斯、瑞安·斯蒂尔斯（Ryan Stiles）、丹·卡斯泰兰尼塔（Dan Castellaneta）、理查德·坎德（Richard Kind）、柯林·莫齐里（Colin Mochrie）、茱莉亚·路易斯-德瑞弗斯（Julia Louis-Dreyfus）、简·林奇、鲍勃·奥登科克（Bob Odenkirk）、杰里米·皮文（Jeremy Piven）、克里斯·法利、蒂姆·麦道斯（Tim Meadows）、亚当·麦凯（Adam McKay）、史蒂夫·卡瑞尔、大卫·科恩查内（David Koechner）、斯蒂芬·科尔伯特、艾米·塞德丽丝（Amy Sedaris）、瑞秋·德拉彻（Rachel Dratch）、霍拉提奥·桑斯（Horatio Sanz）、蒂娜·菲、艾米·波勒（Amy Poehler）、科甘·迈克尔·凯（Keegan Michael Key）、杰森·苏戴奇斯（Jason Sudeikis）、艾迪·布莱恩特（Aidy Bryant）、塞西莉·斯特朗（Cecily Strong）。

上述每一位演员都与第二城渊源甚深，要么曾经在第二城的前身“指南针剧团”（The Compass Players）工作过，要么加入过我们的巡演阵容或者当过我们的常驻演员。一代代喜剧界的顶级明星都在同一个地方接受过核心职业能力培养，很显然，第二城的造星能力绝非偶然。

虽然我们对外人将我们神化为造星工厂喜闻乐见，但其实，像第二城这样知名的培训学校和职业舞台也有自己的苦恼——人才太多，选角时难以取舍。在第二城完成培训后没能被挑上当职业常驻演员的学员名单也会让你大跌眼镜，例如，基努·里维斯（Keanu Reeves）、哈莉·贝瑞（Halle Berry）、乔恩·费儒（Jon Favreau）、凯特·沃什（Kate Walsh）、克里斯汀·沙尔（Kristen Schaal）、克雷格·罗宾森（Craig Robinson），以及加拿大电视剧《大厅里的孩子》（*The Kids in the Hall*）阵容里的几乎所有演员等，他们全是巨星。

我们选角的方法简单，却很细致。正如你不会让棒球队里上场的9名队员都是右撇子强击手一样，一个舞台阵容也是由身怀不同技能、不同个性的演员所构成的，如此一来才能成就更大的整体实力。因此，为了打造一个优秀的阵容，演员的多样性是基本要求。同时我们还会关注他们的长处会不会在团队里得到发展、短处会不会被最小化。公司在招聘中也应该这么做，经理是否能够分辨各个员工的关键才能对于塑造高效阵容具有举足轻重的作用。比如，他们是适合当高管、中层领导还是操作人员。

招聘各种各样的人不仅仅是出于专业知识多元化的考虑，道理很简单：一群背景类似、想法类似的员工势必会产生类似的成果，而我们生活的这个时代要求我们具备推陈出新的能力，需要我们用各种各样创造性的方法去解决现实世界里的问题。所以只有召集观点不同、经历各异的人，才可能为创新提供持续的燃料。

换而言之，“会招聘”往往意味着“会招聘不同的人才”。

“东西没损坏的话，那就别去修理它了”，这句谚语很多时候都能行得通，但它绝不是永远正确——第二城付出了惨痛的代价才明白这个道理。到了20世纪七八十年代，我们在组建阵容方面差不多已经形成了套路，往往一个阵容里有一个专门捧哏的角色、一个胖胖的搞笑角色、一个天真无邪的小清新角色，再来一个特色配角，这就是一个经典的第二城舞台阵容了。这种搭配是如此程式化，以至于2007年播出的《辛普森一家》中有一集演到爸爸荷马的芝加哥之行，其中一幕拍的是一条横幅挂在威尔斯街我们剧场门口，上面写着“在喜剧演员发胖前见见他们”。

在第二城的前30年历史里，我们在芝加哥的演出组合几乎全部由白人男性演员构成。我们和美国无数企业一样，存在同一个问题。

当你的产品卖得很好，顾客满意度也很高的时候，你很容易躺在过往的成绩上不思进取。相反，许多人在危急时刻愿意冒大风险，因为没什么可以失去的。然而成功应该让你懂得反思。**创新者不会因为一时的成功就停止前进，即兴演员应该主动追求风险，因为那才是不断刺激他们创作的兴奋剂。**第二城的成功导致了我们的自满，进而造成了我们一成不变的舞台阵容搭配套路。

20世纪七八十年代，安德鲁·亚历山大在多伦多与第二城合作拍摄电视剧的时候，演员阵容几乎总是男女人数一致，对于为什么芝加哥的第二城剧团会性别不均，亚历山大大为不解。最终，他大手一挥，决定今后所有的第二城阵容里男女演员必须各占一半。首先进行改革的是巡演公司，在接下来的几年里第二城主舞台和 e.t.c. 公司也会实行性别比例均等的政策。

1996 年主舞台上演的滑稽剧《公民盖茨》(*Citizen Gates*) 见证了第二城芝加哥首个男女性别比例均等的演出阵容的诞生，蒂娜·菲就是其中一员。而后来蒂娜·菲在《周六夜现场》的同僚瑞秋·德拉彻也是其中之一，第三位女性演员是珍娜·乔拉威茨 (Jenna Jolovitz)，她后来在《疯狂恶搞电视》(*Mad TV*) 担任编剧一职。

现在在第二城培训中心，女学员的人数超过了男学员，我们相信这与我们当年强力推行的男女平等政策有着直接关系。然而在白人演员和其他族裔演员的问题上，情况就不一样了。

1992 年，凯利·伦纳德开始在第二城担任制作人，同年安德鲁·亚历山大发起了“第二城外展计划”，旨在提高第二城培训中心里和舞台上的多样性。这个外展计划的发起，可谓适逢其时。1992 年 4 月 29 日的夜晚，晚风习习，亚历山大按计划从洛杉矶飞往芝加哥。就在那天“罗德尼·金 (Rodney King) 事件”爆发了：一年前殴打黑人青年罗德尼的 4 名白人警察被陪审团判决无罪，判决公布后洛杉矶群情汹涌，进而发生了令全世界震惊的洛杉矶暴乱事件。随着飞机起飞，脚下浓烟四起的街道和满目疮痍的城市尽数被亚历山大收入眼底，直惊得他目瞪口呆。一到达距离洛杉矶万里之遥的芝加哥，亚历山大就马不停蹄地直奔第二城主舞台，刚好赶上当晚演出的第三个环节——即兴演出。如果处于预演阶段，即兴演出环节通常用来测试新题材和新段子；如果是正式演出，演员们会根据当天的新闻进行即兴表演。很自然的，那天晚上观众喊出来的第一条新闻就是暴乱事件。我们的演员都是优秀的即兴创作者，他们接受了观众建议的主题，勇敢地试图用幽默的方式讨论美国西海岸逐步升级的悲剧。然而他们遭遇了一个大难题：所有演员都是白人。

舞台已经布置好了，这些充满天赋、热情、幽默细胞的白人演员跃跃欲试，打算利用即兴喜剧与其他白人一起追求真相和真理。问题来了，由于缺乏切身体会，无论是在阵容内部还是面对观众，我们这群白人演员都无法针对这次暴动提出任何深刻的见解。

第二天，亚历山大打电话把伦纳德和所有管理人员叫到办公室开会。亚历山大问道："怎样才能让我们的演员更多元？"得到的答案包括"培训班里多招收一些其他族裔的演员""欢迎各种不同的声音加入我们剧团和舞台"以及"全公司都应该把聘用多元化人才作为工作重点"。我们正是这么做的。那个夏天，"第二城外展计划"邀请了3家本土喜剧团来开展了一系列培训课和表演，其中包括拉丁裔"热舞萨尔萨"剧团（Salsation）、亚裔"搅动周五夜"剧团（Stir Friday Night）等。我们设立了奖学金，为年轻演员提供在第二城免费学习的机会。最重要的是，在为表演公司招募新人时，多样性总是我们的重要参考因素之一。

当一群白人演员真正试着接纳其他族裔的演员时，哪怕他们再开明，也是困难重重的。首先，并不是所有人都对亚历山大的计划感到满意。其次，哪怕大家在理论上支持亚历山大的建议，一旦他们意识到这个建议将会对自己的日常工作造成实实在在的影响，他们就失去热情了。我们最常听到的担忧是：第二城需要招揽“最优秀的”即兴表演者打造最优秀的阵容，如果关注点放在性别或者族裔多样性上，我们可能会牺牲人才质量。

这个担忧忽视了“最优秀”阵容的真正定义。**一个阵容是否称得上优秀，取决于团队成员是否能齐心协力、鼎力合作。也就是说，是协作性造就了好阵容，而不是好阵容带来了协作性。**阵容中的多样性就如同黏合剂，把成员紧紧地联系在一起，让团队发挥最大的力量。在构建阵容时所有人都会希望成员具备不同的技能——才华横溢的编剧加上演技精湛的演员，再搭配上反应敏捷的即兴表演者。但多样性的内涵远不止于此，社会经济背景、年龄、性别和种族同样是多样性的构成部分。那么，在打造阵容的时候把这些因素也考虑进去，相信它们能给团队带来更强大的活力、更全面的视角，有什么不妥的吗？如果不是 20 多年前，我们不遗余力地把第二城打造成了如此具有包容性的组织，不知道会错过多少精彩的故事。比如，如果不是我们在阵容中已经有了黑人演员，当美国选出第一位黑人总统时，我们就无法演出那么生动真实的恢谐剧；再比如，当移民问题“刷爆”媒体的时候，正是因为我们有拉丁裔演员，我们才得以从多个角度剖析这个社会热点。

如果不是当年我们的多样化倡议，我们或许会与天才的年轻混血演员科甘 · 迈克尔 · 凯失之交臂，也就无法见到“9 · 11”事件之后他在第二城 e.t.c. 剧场[①] 表演的《蝙蝠侠之圣战（勇气计程车）》（*Holy War, Batman, or The Yellow Cab of Courage*）这部立意深远的优秀作品。该剧围绕着一个穿梭于芝加哥大街小巷的巴基斯坦裔出租车司机展开。世贸大楼被袭后的几天里，科甘 · 凯扮演的出租车司机见证了美国社会对“9 · 11”事件的各种反

① 第二城位于加拿大的一间剧场。

应：排外者、辩解者、愤怒者、悲伤者等纷纷出现。恐怖袭击之后，在美国境内的中东后裔遭遇了暴力事件，为了避免同类事件发生在自己身上，科甘·凯扮演的角色不得不在出租车上挂满美国国旗，同时大声播放李·格林伍德（Lee Greenwood）演唱的爱国主义歌曲，想借此掩盖自己的种族身份。这天，由安迪·科布（Andy Cobb）和萨姆·阿尔伯特（Sam Albert）扮演的两位乘客坐上了科甘·凯驾驶的出租车。

安迪·科布：　你是哪里人？
科甘·凯：　我？我是美国人。
安迪·科布：　不，我的意思是，你原本是哪里人？
科甘·凯：　加拿大人。
萨姆·阿尔伯特：我想他的意思是，你最早是从哪里来的？
科甘·凯：　哦，老板，这可就说来话长了。是这样的，我是美国人，之前家在加拿大，再之前（用几乎听不见的声音咕哝道）巴基斯坦。
安迪·科布：　没关系的，我们都是一边的。
科甘·凯：　是的，但是谁想聊巴基斯坦啊？我们这里是美国！美国万岁！美国的月亮最圆！
萨姆·阿尔伯特：说真的，现在每个人都挥着国旗倒让我不舒服了，这些国旗就好像这个国家政治漏洞的遮羞布似的。
科甘·凯：　哎！我的嗜睡症犯了！（科甘·凯瘫软在座位里，科布赶忙把他摇醒）哦，对不住，每次有人这么说话我的嗜睡症就会发作。咱们可不想出车祸是吧？所以可就请您闭嘴吧！

这一幕戏和这个角色之所以能够大获成功，正是因为我们阵容里的多样性。我们的少数族裔演员从小因为肤色备受排挤，才能对种族问题有着第一手的深刻洞见。

新的、多元化的声音给第二城带来了巨大好处。但多元化可不是在门口挂块小牌子吆喝“欢迎所有种族、性别的人”这么简单。先不说别的，那么多字，牌子得做多长？你必须运用各种方法来启动多元化倡议。

在招聘中采用的多样化原则为我们提供了数不尽的机会。现在我们正在培训中心开发专为老年人设置的即兴表演课程。我们通过走进校园和社区，在年轻人心里埋下种子；通过培训课、讲座和参观，把不同的声音引入我们的工作场所；我们在自己的社区里培育对创意表演感兴趣的社群。我们的拉丁裔学员和演员组建了 Loco，这个双语剧团以拉丁裔的视角探索喜剧，它代表了社会变革的另一个层面：根据皮尤研究中心的调查，到 2050 年，几乎每 5 个美国人里就有一个是移民；在接下来的 25 年里，拉丁裔人口将增至现在的 3 倍，成为美国人口增长的主力军；到 2050 年，白人将仅占美国总人口的 47%。

数字在变化，但变的不只是数字。

构建理想阵容的 3 个基本原则

不是所有人都有条件精心挑选团队成员，再把亲手挑选的成员打造成理想阵容。我们所领导或者所在的团队往往不是我们可以选择的，而是出于方便或者干脆是随机组合而成的。如何在这样的团队里构建阵容呢？又如何作为个体给团队做出更大的贡献呢？可以直接套用即兴表演手册里的3个基本原则。

1. 专注于当下

第二城招聘的时候，我们注重应聘者“心无旁骛，关注当下”的能力。正是这种专注力让斯蒂芬·科尔伯特、蒂娜·菲、亚当·麦凯及其他无数演员在第二城舞台上大放异彩。无论是演练1977年多伦多老剧目中30秒的小品，还是在华盛顿特区肯尼迪表演艺术中心里，在上千名既不喜欢你，也不喜欢你的演出的老年观众面前进行即兴表演，我们的优秀阵容总能全身心地投入当下。

世事繁杂，确实没人能做到全天24小时、全年无休地只着眼于当下，不过我们应该能认清工作中有哪些场合是需要我们全身心投入的。

与同事交谈时，专注于眼下的讨论，不要总想着以前的错误或成功。找别的时间来反省过去和计划未来，过去是过去，未来是未来，不要混为一谈，更不要和眼下的创新时间搅成一团。简而言之，如果你现在的任务是发表创造性意见，那么就请专注于眼前。你必须把所有的精力都集中在此时此刻，才能发挥出你这一刻最大的潜力。如果你在担心下一场戏和检讨前一场戏，或者惦记着《周六夜现场》的试镜准备，又或者还在因为刚才在300名陌生观众面前失误的一句台词而自责，那么你就干不好眼前的事。

在与同事一对一面谈时，不要查看邮件也不要接听电话。专注于眼前的人，认真听他们说了什么，同时也要花心思揣摩他们没说出口的话。创造环境让交谈得以深入进行，这也是专注于当下的一部分。它将不仅为你赢得同事的尊敬，也会让同事们更加乐于向你倾吐心声，继而给你带来在组织里别人难以比拟的优势。

在集体会议中想要专注于当下会更具有挑战性。毕竟不是每个话题都与每一个参会者有关，但正是在这种场合，保持所有人的参与性才更为重要。尤其是如果你是团队里的领导，更加需要带头每时每刻保持专注，因为只要有一个同事看到你心不在焉，就相当于给了所有人开会走神、各行其是的理由。会议应尽量保证言简意赅、重点突出。正如斯科特·埃德希特在《阿甘》那幕剧里扮演的傻副总裁对镇不住场子的人力资源经理说的话："杰瑞，我很忙的，我还有副总裁要干呢！"

关注当下是贯穿第二城入门培训课程的哲学思想，也是即兴表演的基础。你可以尝试用镜子练习来帮助自己培养这种能力。镜子游戏是许多培训课程（无论是表演还是其他培训）都会用到的一个方法，你可能已经知道玩法了：把团队成员两两分成一对，让每对成员面对面站着；指定其中一个人用脸和身体做些小动作，另一个人则像镜子一样模仿对方的每一个动作、姿势或者表情；然后让两者交换角色；最后在不指定动作发起者的情况下，看他们俩是不是还会继续模仿彼此。

运动员在比赛前会先活动四肢进行热身，同理，要想提高情商，也得先热身。镜子游戏帮助你练习全神贯注地关注他人，这是搭建高效阵容的基石。初学者往往喜欢让镜子游戏更有趣，例如，做出各种搞笑的动作让搭档发笑，但在这个游戏里，搞笑与否并不重要，重要的是学会并保持全神贯注。

2. 付出与接受，学会互相迁就

经常有人让我们比较演出的优劣，以及分析造成它们有高下之分的原因。我们第二城的演出总是一票难求，顾客满意度也总是好得出奇。尽管我们很难选出哪场演出是最好的——毕竟萝卜白菜各有所爱，但是对于哪场演出表现得不尽如人意，我们剧团总会达成共识，哪怕观众们蜂拥而来、大笑全场、满意而归。只要阵容里有不满的情绪，演出势必无法达到应有的水准。导致出现这种情况的最可能的因素就是阵容成员没能同等程度地付出与接受。自然，有些人是天生的付出者，有些人则倾向于是接受者，但在同一个阵容里，每个人都需要既是付出者又是接受者，这样才可能让阵容发挥出集体的力量。

谢尔登·帕丁金在第二城担任导演和老师超过 50 年，他对“团队的最高水平取决于团队中最弱的成员”这句格言有着有趣的诠释，他认为：“在第二城，阵容的最高水平取决于它补足最弱成员短处的能力。”这两者的不同之处在于，在我们这里，出了岔子由阵容来集体承担，而不会怪到个人头上。这才是真正的“付出与接受”，也就是互相迁就这个概念的核心所在。在任何一场表演中，都必须在付出者和接受者之间达成平衡。有时有些人是因为害怕别人会抢了他们的风头，因此他们会打断台词或者干脆不让付出者有开口的机会。也有些人是天生的接受者，如我们第二城的约翰·贝鲁西、比尔·默里、克里斯·法利，他们中的任何一个，只要登上舞台就会成为众人的焦点，无论他们是否愿意。在工作场合也会有类似的人，他们并非刻意为之，但就是能在交谈中自然地占据主导地位。在这种情况下，当需要付出者发言而他们不愿挺身而出地站在聚光灯下的时候，也会出问题的。

最近我们参加了一场社交媒体会议以及由一名年轻专家主持的“互动”论坛。论坛刚开始几分钟，由于我们的这位专家如此缺乏控场能力，以至于让会场里一群原本专心致志又有责任心的成年人变成了闹哄哄的初中生。在余下的时间里，我们如坐针毡，无比希望能把这位专家拉去我们的创意表演培训班，教她怎么抓住听众的注意力。

你会在工作中既付出又接受吗？你应该试试。看看身边那些成功的企业家们，他们是怎么付出与接受的？管理学教授亚当·格兰特（Adam Grant）的研究表明，那些既会付出又会接受的人比不擅此道的人能收获更大的事业成就。在研究了大量专业领域之后，格兰特把职场人分成了三大角色：付出者、匹配者、接受者。在一项研究中他写道：“那些为同事提供的帮助远远大于自己获得的帮助的工程师是生产率最高、错误率最低的；付出的帮助与接受的帮助大致持平的工程师往往表现一般。付出者通常会把工作做到极致。在医疗和销售领域情况也类似，最成功的人总是最乐于助人的那些人。”

付出与接受并不是你一个人的事，你可以在单位里灌输“付出与接受”理念，要求每个员工都以主人翁意识承担起责任，凭借它成就成功的公司阵容，轻松和谐地跨越部门之间的隔阂，精诚合作。付出与接受让我们懂得集体的力量大于所有个人力量的总和，进而时刻关注他人、自己以及我们取得的成绩。

以下都能算作付出与接受行为：

- 为任何可能需要帮助的职员提供指导与咨询；
- 清洗茶水间的脏盘子，不管是不是自己留下的；
- 参加个人或者团队的庆功会，无论是为公司哪个部门庆祝；
- 花点时间尽量记住每个人的名字。

付出与接受和表示尊重一样简单。掌握它不仅对你的组织大有裨益，同时也能大幅提高你在阵容里的地位。有些人或许想不到，但是学会成为一名优秀的阵容成员、团队成员或者同事是促进个人成长的极佳方式。

当然，和其他所有技巧一样，把付出与接受有机地融入你与他人的互动也是需要练习的。正如我们前面提到过的，有些人压根意识不到由于他们过分地倾向于付出或接受，而无法找到两者之间的平衡点。鉴于这种情况，仅凭与员工谈话是解决不了问题的，只有让他们亲身参与训练才可能感受到两者之间的区别，并改变他们的习惯性行为。

还记得那个训练关注他人的镜子游戏吧？这个付出与接受训练教会你把注意力的焦点传递给屋子里的每一个人。

训练的时候先请所有团队成员在房间里站好，再一个个点名，要求每个人用简单的肢体语言示意自己在关注某人，如直视对方的眼睛，指向对方，或者拍对方的肩膀，任何能把注意力放在别人身上的动作都行。接下来，所有人被要求用同样的方式吸引别人的注意力，例如，他们可以跳到某个团队成员旁边，或者用身体挡在某人和其他人之间。最后，要求整个团队同时完成两个任务：一方面关注他人；另一方面博取他人的关注，再把关注归还到对方身上。理想的情况是团队里的每个成员都能熟练地平衡付出和接受关注，不然房间里就会乱成一锅粥。但不管结果如何，这对于团队而言都是宝贵的一课：当运作顺畅时，阵容成员通过付出和接受分享关注，在等价交换中建立秩序；当运作不顺时，所有人都会一头雾水，最终什么都干不成。

想象你正在参加一场商务会议，某个人正在不停地寻求关注，哪怕他偶尔把关注让给旁人，也只是让一瞬间，他马上又会抢回去。在这种情况下其他与会者要么气鼓鼓，要么觉得无聊，总之是不可能专心致志地听他侃侃而谈，又何谈合作呢？相反地，如果某人只会把关注给别人，例如，只是默默地听别人说话，自己不做任何贡献，本质上他们是在让别人不得不干完所有的活儿，这也会造成类似的负面结果。无论上述哪种情况，只有掌握了“付出与接受”才能让会议富有成果。

如果你能让同僚们不仅能专注于当下而且可以平衡付出与接受，你就为更高效的交流铺平了道路。

3. 放下“我才是对的”的执念

无论是对个人、机构还是组织而言，对于“我才是对的”的执念是集体创作和创新的最大阻碍之一。小举动会引发团体中的大裂痕。

在我们的生活中，我们总是想保证自己是绝对正确的。莎士比亚曾经写下一句著名的话：“人无完人。”这句话之所以在400年后的今天仍然脍炙人口，显然有它的道理。没有人是完美的，我们都会犯错。纵使有时候我们是正确的，但有时候我们就是错的，我们相信世界上99%的人都会赞同这一点。那么为什么那么多人会认为需要 100% 地保证自己绝对正确呢？

花些时间回想一下你在办公室、家里、公司或者某次活动上遇见过的最难相处的人。他们为什么那么不好相处？他们是故意的吗？他们是不是总是要求别人都听他们的？他们是不是谁的意见都听不进去？这些人大概率认准了只有自己是对的，并且为了所谓的正确宁可得罪所有人也不愿退让半分。他们对于团队而言是破坏性因素，同时也遏制了创新力。

如果你能让集体里的每个人都不再坚持自己永远是对的，你就解放了阵容的生产力；同时你也为创新营造了环境，并且能让所有人都更加快乐。

别小看了“只有我才是对的”这个执念，它可不容易被打破。不幸的是，往往那些刚好有足够的权力让身边人生活在水深火热之中的人最容易死守着它不放。如果你需要在工作中与这种人打交道，务必找到一个方法让他们同意试着用“是的，而且”原则工作一天。还记得第 1 章里介绍的训练游戏吧？参与者不能说“不行”。让他们在一天的时间里无论在任何情况下都必须用“是的，而且”来回应他人。

然后，就坐等看他们如何沮丧而愤怒地崩溃。他们习惯了在听到与自己不同的意见时下意识地否定，你剥夺了他们的自然反应，迫使他们用暗含包容、合作和尊重的语言交流，这会让他们生不如死。

我们亲眼见过这种情况。芝加哥一家著名的文化机构曾经邀请我们去举办团队合作培训课，我们向他们介绍了一系列的培训课形式和内容，但是首先我们要求与他们碰面聊聊他们的团队眼下的运行情况以及他们对培训课的预期效果。才聊了 15 分钟，客户就和盘托出他们的困境：这个培训课完全是为一位名叫吉姆的职员而办。这位职员身居高位，他的专业技能不可多得，但他简直让其他人每天生活在地狱中。吉姆从来不听别人的意见，他不仅喜欢贬低下属，也看不起上级领导，他在一切事务上都表现得傲慢自大，让所有不得不与他共事的同事士气低落。但是吉姆在自己的领域的确是个专家，所以团队非常希望试着再努力磨合一下。

培训师先从“地位训练”开始入手。在我们日常生活中，人们永远在不停地争权夺势。既然艺术来源于生活，喜剧演员们必须对地位有深刻的理解——赢得地位、丧失地位或者从来都不曾拥有地位会是什么感受。培训师把吉姆和他的下属放在一组，并告诉他，出于练习的需要，吉姆必须在交谈中全程扮演地位低的那个。这意味着只有别人跟他说话时他才能开口回答，他必须站得比其他人矮，还需要附和支持其他所有人的意见，除了他自己的。

吉姆很不高兴。然后培训师要求全组对某个特别容易在办公室里引起纷争的话题展开讨论。大家决定讨论改造公司，因为之前每当他们讨论如何把老旧的机构改造得更现代化，气氛总是会变得火药味儿十足。这次，有时候被其他人称为“老古董”的吉姆被要求不得在讨论中发言。听着大家你一言我一语地提各种构思（有些构思相当前卫），吉姆不安地在座位上扭来扭去。他的脸很快就涨红了，接着忍无可忍地站起身来打断了训练课。

在众目睽睽之下，吉姆不得不面对一个事实：他几乎总是要求自己的声音能压过其他人。哪怕仅仅是装成团队里平等的一员，对他来说也几乎不可能。为了帮助吉姆不加评判并冷静理智地理解刚才所听到的意见，我们让吉姆把自己想象成一个演员，现在只是在和团队成员演一场戏。吉姆没说话，但很明显，当培训师苦口婆心地诉说他的才智，恳请他考虑用另一种方式参与团队互动时，他压根没往心里去。

第二天，我们给吉姆布置了“是的，而且”训练任务。根据各方的反馈，这次任务又是一次惨烈的失败。

事实上，我们心知肚明，我们既不能，也不想把吉姆这样的人从工作环境里踢出去，因为吉姆这种角色的存在非常重要。有时候团队需要一个愿意发声，也敢于做不受欢迎决策的领导人，有时候专业知识的确意味着某个人的观点就是比其他人的观点更有分量。在第二城，一场戏公演之前的最后几个星期，会由导演决定哪些内容要被删减、哪些内容得以保留，这是导演的特权，是工作职位和精湛的专业知识为他赢得了这个权力。但是领导可以选择不霸道地做决策，也就是说，不必做吉姆那样的人。

上位者可以做大决策，他们同样可以包容、和善、尊敬地与人共事。这些品质并不会影响或者有损他们作为决策者的地位。在工作场合中，如果领导是个持有“只有我才是对的”心态的人，员工的失望情绪将被放大，领导决策会招来不满甚至明目张胆的敌意。唯我独尊、指责他人、傲慢无礼的领导风格不仅是士气杀手，也会使受折磨的员工们生产力降低。

在公司里不是不能有吉姆这样的人，但他们只适合单打独斗，而且不能长期存在，因为他们造成的内耗太大了，任何公司都承受不了。最终吉姆还是不能配合我们的即兴培训，他被公司解雇了。

恶霸往往不知道自己是恶霸。但好消息是，霸凌行为是可以被纠正的。

最近，我们以一种出乎意料的方式见证了这一切的发生。

和许多公司一样，每当第二城需要聘请外部公司帮我们搭建新系统或者为某个大项目提供咨询服务时，我们也会对外招标。在招标过程中，我们会与许多商业团队接洽，决定最终的合作对象。最近我们启动了一个数码项目的招标工作，很幸运地，我们结识了一些拥有顶尖技术的高科技公司。其中有一家公司，虽然它的总部远在纽约，但它多次派人到芝加哥考察我们剧团。公司所有者德温（Devin）非常迫切地想中标，他不仅积极主持了我们的每次商谈，而且亲自尝试沉浸在第二城的文化中——他观看了所有的演出，上培训课，查遍了所有与第二城和我们这个领域相关的文献。他的诚意让我们感动，他本人的履历也光彩夺目，毕业于常春藤名校，曾两次创业成功后又以高价出售了这两家公司，好多行业杂志都对他赞不绝口。他是个完美的候选人，用的方法也极高明。可是，为什么我们总觉得有哪儿不对劲呢？在与德温进行第三次会谈之后，高管团队在会议室总结会谈内容。我们团队里一个新来的高管问道：“除了我之外，有没有人觉得在这些会谈里总被人压着似的？”这个问题打开了大家的话匣子：我们的管理人员，无论是跟德温一对一还是一对多会谈过的，都纷纷点头称是，而且马上举出例子来：别人在讲话的时候，德温总是打断；如果他不是谈话的焦点，他就会心不在焉地打开手机查邮件；他几乎从来不允许他自己团队的成员发言，如果有成员发了言，他大概率自己就把他们的意见给推翻了。并不是说德温这个人不友善或者不聪明，他非常平易近人又出身名校，他只是控制不住自己，总喜欢唱独角戏。事实上，恰恰是这点让我们谈不拢，我们要找的是合作团队，而德温的公司不能给我们一个团队，只能给我们一个人，而且这个人会把我们大家都逼疯。

生意场上，几乎不会有人告诉你为什么合作没有谈成。但这一次不一样，我们团队里新来的这位高管做了件非常了不起的事：他坦白地告知了德温没有中标的原因。6个月后我们接到了德温的电话，他来了芝加哥，想邀请我们共进午餐。寒暄过后，德温说："我非常感谢你们的坦诚，如果不是你们告诉我，我将永远无法得知为什么我们没能合作。老实说，这次没能签下你们这个客户，对我而言真是最沮丧的一次经历了。我喜欢你们的工作，也真的很认同你们这个行业的文化。回到纽约后我继续参加即兴表演培训，这次经历让我明白了自己并不是一个合格的领导者，所以我给自己降职了。"哪怕是成功的领导者，也极少有人能做到德温这样——反省自己，看到自己需要改进的地方，再积极改进。他聘请了一个领导顾问，这位顾问认同我们以及德温本人对他的领导风格的评价，他们一起制定了改进方案。德温将接受合作和沟通方面的培训，将公司总经理提拔为公司总裁，公司内部进行文化改造，以避免重蹈一个声音压过其他声音的覆辙。

第二城并没有灵丹妙药能瞬间打消"我才是对的"这种执念，但我们这儿确实不常见这样的行为。在即兴表演的过程中，你很快就会明白，如果你寸步不让地坚持自己对正确、真实或者搞笑的理解，你将做不成任何事。即兴表演要求你放下个人需求，事事以集体，也就是阵容的更大需求为先。

说实话，"放下'我才是对的'的执念"听起来更像是佛教教义，但它完全适用于即兴表演。**它强调的是，我们要认识到自己只不过是更大集体中的一个组成部分，放弃和让渡掌控权能为我们带来许多意想不到的可能。**我们分享的许多训练都是为了强调这条核心原则，如侃大山、单词故事接龙等。在"付出与接受"训练的基础上，我们在此再介绍一个新的训练游戏："化零为整"。

游戏步骤是这样的：培训师请全组成员站起来并给他们一个指示，例如某个动物的名称。团队成员需要一言不发地组成那个动物的形状，例如各自摆出该动物的某个身体部位，或者把自己变成场景中的一部分（比如扮成池塘或者树）。培训师给的下一个指示可能是“餐厅中的人”，团队里的每个人需要分别站在不同的位置、扮演不同的角色来搭建整体画面。例如，如果两个人相对而坐，另一个人就会站在他俩的身边扮作等待点餐的服务员，而第四位成员可以扮作杂工，摆出给他们倒水的姿势。

这个游戏强化部分与整体的意识，帮助参与者认识到，放弃掌控权以及学会为集体做贡献也是一种重要的能力。第二城校友，同时也是著名的即兴表演培训师艾弗里·施赖伯（Avery Schreiber）是这样解释这条重要原则的：**“当两个人放下掌控欲时，奇迹就会发生，他们能共同创造出自己无法独力创造的精彩。”**

即兴表演练习能强化我们专注于当下和付出与接受的能力，也让我们能够不再一意孤行地只想着维护自己的正确性而不考虑别人的建议。相应的，这些能力也能帮助我们成为更好的即兴表演者，以及更好的创新者。

YES,AND 即兴训练指南

1. “阵容”是独立存在的实体，只有当一个群体作为一个单独的整体有序运作时才体现集体的真正价值。
2. 每一个阵容都是独一无二的，每当一个成员离开或者加入，就会形成一个新的阵容。阵容必须不断地根据团体动态的变化做出调整。
3. 构建理想阵容的 3 个基本原则：
   - 专注于当下；
   - 付出与接受，学会互相迁就；
   - 放下“我才是对的”的执念。

YES, AND

第 4 章

秘诀三：

共同创造，让双方对话而不是一方独白

"封闭"原则是"打开"创意大门的工具。

在我们 1998 年上演的滑稽剧《漏网之狂》(*The Psychopath Not Taken*) 中，演员们以抢劫拉开序幕。劫匪们去打劫装有“大都市所有的黄金”的金库，就在他们打算逃离银行时，超人出现了。只不过在这幕戏里，身披火红斗篷的超级英雄是坐着轮椅上台的。

那一刻，观众躁动起来，有人发出了失望的叹息声，也有人发出了愤怒的吼声，原来在几年前，在一系列影片中成功塑造了风流潇洒的超人形象的著名影星克里斯托弗·里夫（Christopher Reeve）在骑马时不幸意外受伤，这导致他的余生不得不借助轮椅出行。

在我们正式向媒体和公众推出新剧之前，我们都会进行预演，以便阵容和导演对内容进行微调以确保正式演出能达到最理想的效果。在这一幕戏预演时，观众直言：“这太过分了。”有一晚，第二城的校友马丁·肖特也坐在观众席里，当由瑞奇·塔拉里科（Rich Talarico）扮演的超人坐着轮椅登上舞台，马丁忍不住嚎出声来：“不！”

在第二城，每一幕剧的创作都离不开我们与观众之间的持续对话，这并不意味着我们会刻意地迎合每个走进剧院的观众的喜剧偏好，也不意味着我们把他们当作焦点小组，只保留最能赢得他们喝彩的内容。它的真正含义在于我们会倾听他们的反应——他们的笑声（这自然是要关注的）、他们的叹息，甚至他们的沉默。根据这些反应，我们再编辑、改变、锤炼内容，从而使之尽可能地完善。我们不会在自己的专长（喜剧创作）上打折扣，但我们的确会邀请观众加入创作。每天晚上，观众们都给我们提供了新信息，因此他们也是这个创作过程中不可或缺的部分。

回过头来说超人那幕戏，预演效果不佳，最终需要整个阵容和导演米克·纳皮尔（Mick Napier）来决定是否值得用某种新形式挽救这一幕。米克想保留它，但他又不想触怒观众。于是有天晚上他回到家，给超人这个角色写了一首赞歌，这首赞歌会由超人自己唱出来，它将打破演员与观众之间无形的屏障（业内把它称为“第四堵墙”），让观众明白我们也知晓这一幕将造成多么大的震撼，但我们是在用这一幕嘲讽名人、英雄崇拜以及虚构与现实之间那往往让人觉得荒诞不经却又无可奈何的区别。在后来那场预演里，超人在破坏劫匪抢劫计划的过程中突然从轮椅中起身唱道：

我将珍惜余生中每一刻，
品鉴每一秒带来的欢乐，
我愿舍弃一切只为片刻闲暇，
换一次用笑意染遍我双颊，
或改写那天的历史，
让我不必坠落地下。

坐着轮椅上台的超人还是惊掉了观众的下巴，但等他唱完歌，我们又赢回了观众的心。这场戏被保留了下来，而且成了那段时间人们最津津乐道的表演之一。

超人这场戏原本的设计让观众觉得我们毫无同情心，是在赤裸裸地拿别人的苦难作笑料。改编之后，它变成了对命运的随机性和不公平所做的一个尖锐、搞笑又心酸的演绎。这个点石成金的过程之所以能成功，是因为“共同创造”。无论你的目的是编排喜剧、构思营销口号、提高生产力，还是促进销售业绩，共同创造都能为你提供不同寻常的视角，帮助你在开拓创新的同时确保为你的客户提供他们想要的，哪怕他们没办法清楚地表达他们的真正需求。

在本章中，我们将分享第二城与观众在共同创造方面的经验，并向你展示企业可以如何运用这些相同的模式和过程来改善他们与客户的沟通。除了用在对外沟通上，我们还会探讨共同创造对于促进公司内部阵容蓬勃发展的好处，此外我们会分享几家公司的案例，看他们如何成功地运用即兴表演的方法评估自己的品牌精髓和客户忠诚度。当然，我们会为你提供几个实用的训练方法，让你实操对内和对外的共同创造。

提高共创力的 3 大关键

要想在公司内部或者阵容内部成功地进行共同创造，你需要留心以下 3 个关键点。

1. 找到“那个”点子，而不是“你”的点子

虽然一个人也可能想出绝佳的点子，但乐于共同创造的阵容最终总会坚持不懈地找到更好的“那个”点子。这个观念可能很难让人接受，毕竟一旦一个阵容开始共同创造，所有的点子都不再属于提出点子的某个个人，而是属于整个团队。然而我们会习惯性地死守着我们自己提出的点子，因为只有那样我们才能掌控这个点子的结果并且独享它带来的功劳。我们不喜欢别人来补充或者改变我们的点子，尤其是当我们觉得这个点子还不错的时候。因此，如果你想要通过共同创造来找到“那个”点子，首先你必须鼓励大家为了团队更大的利益而放弃对自己点子的掌控权。

2. 放弃掌控权

你会发现地位越高的人越难放弃掌控权。单位里那些顶尖的创意人才往往不愿意分享掌控权。这实在是很不幸，因为根据我们的经验，愿意放弃掌控的创意者通常比只愿唱独角戏的人更能够获得活跃的创作灵感。我们可以毫不谦虚地说，第二城最优秀的创意者们向来以丰富的创意而自豪，同时他们也懂得何时该闭上嘴巴听阵容里其他人的意见，从而孕育发展出更好、更大的点子，把一小搓食材变成一道丰盛的美味佳肴。

第二城制作的时事讽刺喜剧电视节目 *SCTV*（我们与《周六夜现场》竞争的节目）的发展史就是个很好的例子，它证明了共同创造能够激发创作能量，也告诉我们当某个人（尤其是某个主管）试图掌控它时将会对创作能量造成怎样毁灭性的打击。节目刚上线那几年，它还只是在加拿大拍摄的低

成本小制作节目，演员们可以用经典的第二城即兴表演风格自由地创作自己的角色和内容。当时 *SCTV* 成绩斐然，我们创造了约翰尼·拉鲁（Johnny LaRue）、施门格兄弟（The Schmenge Brothers）、弗洛伊德伯爵（Count Floyd）、埃德·格里姆利（Ed Grimley）等许多深入人心的角色。其中有些角色是由演员们和发型师、化妆师、服装师共同创造出来的——这个群体经常被编剧和演员们忽略，但他们真是宝贵的财富！还有一些角色是由第二城培养的编剧和有其他喜剧行业背景的编剧共同即兴创造出来的。整个节目的成功源于自由自在的共同创造。

但是后来美国全国广播公司（NBC）接手了 *SCTV*，它不断地尝试往里加节目统筹人来“主持”工作。这些统筹人都很优秀，然而他们擅长的是更加传统的“我告诉你怎么创作你就怎么创作”的模式。统筹人一个接一个地乘兴而来、败兴而归，因为他们谁也无法把自己的创作意愿强加在一个本来就知道如何进行创作的阵容之上。直到现在，虽然那个阵容与制作团队共同创造的即兴表演模式仍然能很好地运作，但是他们所需的创作生态环境被破坏了，他们得不到应有的援助，因为电视台的高管们和传统的节目主管更习惯的是上下有别的层级管理模式。

SCTV 获得了 15 项艾美奖提名，打造出了约翰·坎迪、马丁·肖特、尤金·列维、凯瑟琳·欧哈拉、里克·莫拉尼斯（Rick Moranis）那样的巨星，被誉为有史以来最伟大的时事讽刺喜剧电视节目之一，但是很明显，美国全国广播公司总是想要成为房间里声音最大的那个，总是想要把持掌控权。阵容不得不时刻抵抗电视台施加的压力，保护自己明明很有效的创作方式。持续的内耗让他们身心俱疲，剧组成员纷纷离职，最终 *SCTV* 不得不于 1984 年停播。

3. 消灭恐惧

共同创造有几个常见的宿敌，根据我们的经验，它们全都源于恐惧：

- 对失败的恐惧；
- 对出丑的恐惧；
- 对未知的恐惧。

恐惧或许是一种有用的情绪，它能保证我们的安全，例如督促我们用牙线清理口腔卫生，提醒我们纳税等，但是对于群体创作而言它无疑是有害的。恐惧不会带来精彩的创作灵感，它只会让我们不假思索地选择最不会被别人排斥的点子。当恐惧被用作激励工具时，它的确能逼得人更努力，但绝不会让人更聪明。没有哪个组织或者企业能靠恐惧的威压取得创意上的优势。

恐惧让安然公司的无数员工和主管在明知公司高层在以身试法时默不作声，尽管大家心知肚明泛滥的违法行为会给公司招来灭顶之灾。柯达公司害怕自己的胶卷生意会遭受打击，最终却因此而倒闭。具有讽刺意味的是，正是柯达的员工于 1975 年发明了第一台数码相机。由于害怕季票购买者流失，芝加哥黑鹰队数十年来拒绝登上电视，结果丧失了自己的观众基础，削弱了品牌效应，直到洛基・沃茨（Rocky Wirtz）接手球队，推翻了他父亲定下的政策，于 2008 年让黑鹰队重新登上了电视。两年后黑鹰队在体育馆的比赛场场座无虚席，甚至赢得了斯坦利杯。

对于共同创造而言，“胆小鬼”文化是致命的毒药。想想吧，有谁能够一边胆战心惊一边还活得自在、放手创新？我们知道那是不可能的，多年来选角、运营剧院，尤其是试演面试的经验，让我们见过许多因恐惧而导致的失误。

每年都有成百上千的年轻即兴表演者走上舞台，在制片人、导演、表演老师面前展示自己的专业能力，他们必须在 15 分钟内使尽浑身解数打败众多敌手才能夺取第二城为数不多的几个空缺。毫无疑问，这是剧院里最紧张的时刻了。对于每年来参加试演的许多年轻人来说，这份工作是他们毕生的梦想。因此，他们在剧院大堂里热身候场的时候，就已经开始感受到巨大的压力，而在通往舞台的那扇大门打开之际，压力只增不减。最优秀的即兴表演者能找到办法战胜自己的恐惧情绪，他们能自如地即兴发挥；他们能随时妙语连珠；他们会关照自己的舞台搭档；他们会让自己独特的幽默感感染整个剧场。在整整一周的试演面试中，大概有 10% 的年轻人能做到这样，我们往往会签下他们。

而另外那 90% 的面试者则向我们精彩地展现了人们在恐惧驱使下的各种表现。久而久之，我们注意到其中有一些表现对于表演者而言特别具有毁灭性，也特别能够摧毁团队的创造力——无论是创造具体的事物，还是创造幽默。你或许也见过下列表现，因为每当人们想掩饰自己的恐惧时，他们总是采用这类策略。

问问题

这并不是说你不应该有好奇心，更不是要求你无所不知，但是即兴表演入门课程里最先教的规则之一就是：避免向舞台搭档发问。在即兴表演时，你应该通过对话与搭档共同创造这场表演，而当你向搭档问问题时，你就把创作的重担压在了搭档一个人身上，他将不得不独自提供内容和笑料，但这本该是你们共同的任务。即兴表演中不断问问题的演员是那些深陷恐惧之中无法自拔的人，他们由于太害怕不敢挺身而出承担起自己那份责任，也就无法为搭档提供能够利用和发展的内容。

请看下面的例子。

甲（优秀的即兴表演者）：我真是爱惨了芝加哥的这个季节，它能让人忘记这里的其他九个月有多难熬。

这是个很棒的开场。这位优秀的即兴表演者已经为这场戏限定了地点和时间：芝加哥的夏天。

乙（恐惧的即兴表演者）：我们为什么会在这儿？

乙提出的这个问题没有给搭档提供任何可以利用和发展的信息，基本上是把创作任务又推回给了甲。

甲（优秀的即兴表演者）：你知道我们为什么会在这儿的，咱俩来是为了晒出古铜色皮肤、结交朋友，搞不好还能救几个溺水的人呀。

很好，甲让表演回到了正轨。甲的回答没有让人觉得乙可有可无，而是强调了舞台上的每个人都是这场戏的参与者。而且这段话提供了新的信息：

很明显，这两个人是救生员。

乙（恐惧的即兴表演者）：但是，要是我不会游泳怎么办？

这就没法演下去了。乙堵住了每一条新信息的后续发展道路，反复把创作任务抛回给甲。问题不在于乙是不是个不会游泳的救生员（如果真是不会游泳的救生员，那反而可以是个笑点），而在于他说话的方式——他堵住了甲的话题，而不是在合作发展内容。他的话就像是在比赛中抛出了个让人措手不及的曲线球，仿佛是故意在给甲下绊子：嘿，看你小子怎么往下接！对于甲来说这可太不公平了，这段子也并不搞笑，观众会想退票。

类似的场景如果出现在工作场合会怎么样呢？例如，在为新产品设计营销方案的头脑风暴讨论会上？

甲（优秀的营销人员）：各位，我们的客户推出了一款新的手工酿造啤酒，目标客户群是 25 ～ 30 岁、居住在城市并且有可支配性收入的男性。

这个头脑风暴的开场白清楚明白，先讲明了产品和目标客户群。

乙（恐惧的营销人员）：好吧，但谁会真的买这种啤酒？

刚刚甲已经点明了这款啤酒的目标客户群，乙问出的这个问题让甲之前提供的信息显得没什么效力了。

甲（优秀的营销人员）：它针对的人群相当具体——居住在城市的年轻男性。不过你说得对，我们没必要一开始就限制我们的思维，毕竟咱们这才刚开始头脑风暴嘛！现在任何点子都是好点子。

甲没有被乙的消极触怒，而是心平气和地恢复了会议秩序，现在会议的基调是欢迎所有点子。

乙（恐惧的营销人员）：真的吗？我可只想听好点子。

这样一来，甲营造的自由开放的创意氛围被瞬间打破。乙或者任何恐惧的营销人员由于害怕自己不够有创意，害怕自己没有提出“那个”点子的能力，所以他们通常用问问题来掩饰自己的恐惧。

该干什么的时候就要干什么，自然会有专门的时间和地点让你问问题，毕竟要对谈话有贡献，首先会让你了解一些具体信息。但一旦这些细节已经被告知了，就该是整个团队一起开动脑筋让创意飞起来的时候了。在这种时候，问问题就成了创意的杀手。

攻击性

我们经常看到创意表演新手们选择用攻击性的表演掩饰自己的恐惧。认真想想，其实这也不奇怪。心理学家弗洛伊德曾写道：“攻击性倾向是人类天生的、独立的、本能的特征……它是人类文化发展最大的阻碍。”换句话说，当我们害怕的时候，我们往往会情绪失控。在现实生活中，这种情况屡见不鲜，在舞台上也一样。

20 世纪 90 年代中期，我们曾经面试过一些演员。其中一名演员的简历表明他曾接受过即兴表演训练（显然是个谎言），和他同来的其他演员都参加过多年艺术表演培训。那天这位演员的即兴表演充满了攻击性，以至于 20 多年后的今天，我们中的许多人仍然记得他的名字——雷，有的人甚至能从一群人里把他认出来，尽管他只在台上表演了 15 分钟。第一场即兴表演中，雷在演出刚一开始就"杀死"了他的搭档，演出被迫结束。第二场，雷全程吼完了台词，没有给搭档任何表演的机会。这时候试演现场那位非常有耐心的导演给他们团队提出了建议：第一，要给彼此说台词的机会；第二，声音小一点儿；第三，即兴创作的片段里不要出现打斗或者争吵的情节。看起来这是给全组的建议，实际上他是针对雷一个人的。

接下来的那场表演雷在我们这群人的脑海里打下了深深的烙印。这次还是他开场，他叫道："我就是比尔·克林顿屁股上的那颗疮！"不得不说，他还是听了导演的话的，说完这句他确实停顿了一下好让他的搭档接腔。那位可怜的搭档勇敢地回了一句："我想我们都无言以对了。"

几个星期后我们收到了雷的信。在洋洋洒洒 3 页来信中，雷质问我们为什么他没有当场就被录用。"我是说'我就是比尔·克林顿屁股上的那颗疮'那句台词的演员"，他写道，"没见到我当时多么一语惊人吗？全场都鸦雀无声了！真是太令人难以置信了！"

他说的对，能让全场都鸦雀无声，可真是太令人难以置信了。然而问题恰恰就出在这儿：在创作过程中，无论是在舞台上还是舞台下，我们最不愿意见到的就是全场鸦雀无声。毫无疑问，跟具有攻击性的人打交道是很艰难的。如果你是老板还好办，你可以给所有团队成员定下行为准则，要求大家必须彼此尊重地分享舞台并共同创作，然后让那个具有攻击性的成员去训练和改进。他们将学着用你的准则来规范自己的行为。

如果你不是老板，好吧，那就棘手多了。人力资源的同事能帮忙吗？公司里有没有其他领导也觉得这种行为对企业文化有害，能不能请他们来帮忙？如果没有，或许你只能听取我们给一位观众朋友提的建议了。最近在芝加哥创想周（Chicago Ideas Week）小组讨论会上有位观众说："从理论上来说你们讲的很有道理，但是我的老板，我唯一的上级，把你们说的不该有的行为全都做了，我该怎么办呢？"顿了好几秒后，我们同时说："辞职。"

咆哮

人们表露出恐惧和阻止共同创造的另一种表现是让自己的声音大过其他人的声音，或者通过强势的互动逼迫别人服从他们的命令。我们见过许多以蛮横的方法进行管理的事例，事实上这种管理风格在工作场合还经常得到嘉奖，但这并不意味着它是对的。

最近发表在《应用心理学杂志》（*Journal of Applied Psychology*）上的文章指出，对大吼大叫司空见惯的有攻击性的工作环境会催生出许多问题。研究者发现老板的语言攻击会损害员工的记忆力，让他们难以理解工作指示。此外，与平心静气的客户相比，怒气冲冲、充满攻击性的客户会让客服更难记住投诉的性质。

咆哮式管理会带来影响深远的附带性伤害。它将让合作意识不复存在，公司里人人会以“我”为先，没人会记得“我们”文化，士气会无比低落。在这种环境里，几乎不可能指望员工能为了公司的将来而共同创造和努力。

如果你跟这样“管理基本靠吼”的人打交道，你需要理解这种行为背后的原因，才可能从根源上解决问题。**热衷于咆哮的人以及几乎所有霸道的人，都被恐惧感和不安全感掌控。改变他们行为的唯一办法是帮助他们感觉到安全。**幸运的是即兴表演者们有现成的工具能达成这个目的，即兴表演的许多要素，如“是的，而且”“付出与接受”和“倾听”都能派上用场。

打太极

恐惧的另一个症状是僵立当场，避免以任何形式表明自己的态度或者观点。处于恐惧中的人通常会在言语中打太极：

- “我不知道。”
- “有可能，但我也不确定。”
- “你要是这么说的话，那大概就是吧。”
- “或许是吧。”

打太极是恐惧的即兴表演者最常见的表现，以至于在许多即兴游戏中它已经成了一种“惩罚”。打太极仅仅是人们在不敢迈向未知时采取的一种拖延策略。不幸的是它实在是太常见了，很多决策者在缺乏足够的自信拍板做决定时，总会摆出打太极的架势推诿。在商界，比做错误的决策更糟糕的是不做决策。那么怎么让决策者建立自信呢？秘诀就是练习。

即兴表演者上台前都会先热身。他们会练声、做伸展运动；为了做好表演的思想准备，他们会跟阵容里的其他成员练习目光交流，体会彼此眼神和声音里传递的信息；他们会围成一个圈，假装在传球。当即兴表演者站在观众面前开始表演时，意味着他们已经胸有成竹了，因为他们在上台前已经进行了足够的彩排，以至于对所有内容早已滚瓜烂熟。优秀的即兴表演者总会做好充足的练习和准备，因此才能把自己的恐惧感抛到一旁，毫无思想负担地根据当下的情况随机应变。他们明白，要想成功地共同创作，首先他们必须做好共同创作的准备。

在工作场合中也是一样。在召开重要会议或者参加面试之前，你必须预先掌握足够的事实和数据，才能全面地理解手头上需要处理的问题，只有这个时候你才会知道你已经做好准备了。一旦你掌握了足够的数据，你就可以与团队成员创造各种情景来进行模拟，检测你的构想并操练如何果断地决策。你需要为自己创造尽可能多的机会去练习即时地做决策，学会无视别人的质疑和自己的不安情绪。如果你能运用并具备即兴表演者的特质，你就能掌控自己的恐惧；当你全身心地投入当下，用心地去倾听、回应和共同创造，你甚至可能完全忘记恐惧。

与顾客实时对话

至此我们已经讨论了为什么你需要利用即兴表演的原则（如“倾听”“是的，而且”“付出与接受”等）来改善与同事的沟通以及构建真正有创新能力的阵容。然而，共同创造并不局限于组织内部。在第二城，每次演出的时候我们都会与观众进行实时对话。甚至在选材和设计剧本的时候我们也会征求他们的意见，所以我们的观众也就是我们的顾客，从一开始（尤其是我们在预演期间为新节目创作新内容的时候）就参与了我们的创作过程。我们会邀请观众提供话题建议；也会根据观众对即兴表演的实时反馈来评估和改进内容；最后，我们会在观众面前一遍遍地打磨成品，直至新节目正式上演。

我们并不是唯一与顾客保持对话的企业，但我们的确是最早这么做的企业之一。在新创企业和数码时代的企业家们把实时互动带进千家万户之前，我们早已与观众互动多年。在过去的10年里，其他的公司也看到了与顾客互动的好处，于是纷纷有样学样。这就是为什么许多公司都有自己的Facebook主页和Twitter，随时更新动态和提供官方回复。这也是为什么会有专为调查顾客满意度的焦点小组、秘密购物调查和“调查猴子”（SurveyMonkey①）。

共同创造要求双方进行对话，而不是一方的独白，在第二城我们把这个过程称为“对话进行中”；在剧院外，你可能听过创新行业和产品开发行业给它取的别的名字，例如“实时客户反馈”“快速原型法”或者“众包”（Crowdsourcing②）。

电脑加上众包（差一点儿）能创作出喜剧

20世纪90年代初期，前卫的讽刺喜剧演员斯蒂芬·科尔伯特决定把互

① 美国在线调查服务网站。——译者注

② 公司或机构把过去由员工执行的工作任务，以自愿的形式外包给非特定的（通常是大型的）大众网络的做法。——译者注

联网的强大力量引入即兴表演。一天晚上，科尔伯特拎着一大把延长插线板，抱着办公楼里为数不多的几台电脑之一走进了后台。他把插线板一个一个连接好，把笨重的电脑放在推车上，就这么推着它走上了舞台。科尔伯特告诉观众：今天晚上我们将通过互联网跟全世界的观众进行互动。说完这句话，台下反应平平，观众们一点也不激动——我们本该从这个反应就预知那天晚上我们不会在第二城创造历史。

想象一下这个画面吧：舞台中央有一个快要散架的咖啡推车，推车上架着一台巨大的电脑，20 多岁的斯蒂芬·科尔伯特（头发比现在多，衣服没现在这么讲究）被电脑遮住了大半个身子，他阵容的其他成员在他身边无所事事。网络拨号的噪声持续了将近 1 分钟才连上网，一顿操作后，科尔伯特进入了预先订好的聊天室，他将在聊天室里向网友征求话题建议，再由阵容根据话题进行即兴表演。在输入了“我们正在第二城进行现场演出。你们提话题，我们来表演。”之后，科尔伯特和其他演员以及现场观众在沉默中等待网友回复，场面尴尬极了。差不多 10 分钟后终于有人回复了，印第安纳州的某个小孩提了一个话题：“性爱玩具。”

好吧，这是一次失败的尝试。

问题并不在于那是个不雅的话题，像科尔伯特这样的即兴表演大师有什么话题是接不住的？无论给他什么话题他大概都能即兴来一段搞笑的表演。真正的问题出在时机上。从科尔伯特在聊天室里征集话题到他最终得到话题，已经过去了太长时间，现场的能量和动力已经完全没有了。**无论是在即兴表演中还是在商务场合，时机对于共同创造来说非常重要。**在我们这行，哪怕观众的建议和即兴表演者的回应之间只隔了几秒，都可能对接下来的表演造成致命的影响。同样的，在今天的商界，当顾客们在社交媒体上对某个公司或者品牌发表评论时，他们也期待得到迅速回复。这让许多公司难以适应。当然，对顾客询问、投诉和建议的回复时间都得由公司自行考量和决定，但需要注意的是，经过深思熟虑的回复固然有极大价值，然而那可能需要花费几个小时甚至好几天，而即时的回复也有另一种价值，即时回复比花时间慢慢斟酌答复或许更有挑战性，因为它需要你迅速地、有创意地思考，因而也能迫使你不断进步。

当接收到实时客户反馈时（如现场观众提供的反馈），你必须同时分析反馈内容和做出回复。舞台上的即兴演员立刻就会看到自己的表演对观众产生的效果，再根据观众的反馈即时调整表演。由于即兴表演要求你关注当下，表演的时候你无须担心自己的作品是否有价值或者合理，因此能够更随心所欲、更天马行空、更真实地放手创作。等到演出结束再回看录像或跟导演讨论和分析自己可以改进的地方吧。在需要艺术灵感的时候，即兴演员把观众的实时反馈当作共同创作的工具。许多公司也是如此，尤其是那些善于使用社交媒体拉近与顾客关系的公司。

共同创造是人类的天性

就在我们写本书的时候，我们与高乐士合作完成了一项有趣的任务。我们在网络上发起了一场 Twitter 聚会，邀请高乐士的顾客参加在线颁奖典礼。为什么要组织这个活动呢？答案很简单：让高乐士展现它人性化和搞笑的一面，也为高乐士的顾客们提供机会分享自己“育儿大作战”的趣事。

高乐士公司的清洁产品是脏乱的克星。我们在日常生活中总会弄脏这个弄脏那个，想想吧，卫生间里恶心的污渍、厨房里让人难堪的油污、幼儿留下的不可名状的印记、呕吐后留下的痕迹……大家都懂在面对这些的时候我们有多抓狂。以前，大家心照不宣地不会公开谈论家里的脏乱，就连高乐士这样的清洁品公司也不会。但是高乐士在它的主要目标客户群体——初为父母的人们身上看到了一个新趋势——他们会在网上分享和交流育儿经验。他们讨论的话题很多，其中最火的一个话题是孩子刚出生那几个月里新手父母的遭遇。那几个月对父母来说的确极具挑战性，往往让他们精疲力竭，但其中不少故事大有成为绝佳搞笑段子的潜力。

为了给父母们创造交流和分享的机会，高乐士与凯旋公关公司（Ketchum）、育儿博客“怎么当爸爸”（HowToBeADad）以及我们第二城携手，一起创办了“高乐士邋遢大王奖”，父母们可以拍下生活里最脏乱、最恶心的一幕，并通过 Twitter 发送给我们参加评选，获胜者将赢得特殊的奖励“邋遢大王奖”称号。邋遢大王奖全程在线直播，由第二城著名的校友瑞秋·德拉彻主持。瑞秋·德拉彻与第二城的演员们用小品和独白的形式把 Twitter 上收集到的真实故事演绎出来，简直能让人笑破肚皮。

很显然，我们触碰到了育儿过程中的某个重要的点。4 小时的颁奖直播过程中，“邋遢大王”成了 Twitter 上的热门话题，高乐士公司收获了超过 1.3 亿次的点击量。

这个案例教会了我们什么？第一，最搞笑的素材永远来源于真实生活，真实的父母们在 Twitter 上发送给我们的那些疯狂故事就能证明这一点。第二，只要你欢迎观众参与，他们真的会很积极地回应。拿“高乐士邋遢大王奖”来说，如果没有父母的参与，活动会直接流产。它之所以能大获成功，完全是因为我们愿意与观众在那一刻共同创造一场搞笑、新奇、真实、有时还有点脏乱和恶心的活动。第三，当场共同创造的作品也可以很搞笑、很有趣，往往比咬烂笔头熬几个晚上写出来的段子更搞笑、更有趣。如果我们要求父母们先做个在线调查，筛选出合适的参与者，帮他们写好台词，让他们打磨一个月再来参加活动，那么谁都会没了兴趣，体验感将无法与“Twitter聚会”相提并论。

快速原型法

我们也已经成功地把即兴表演运用于产品开发的快速原型过程中。最近一家大型研究机构找到了我们，他们的客户是一家知名信用卡公司，这家信用卡公司打算更进一步地了解小企业主群体，以便开发出相应的产品赢得这个用户群体的更大市场份额。我们跟信用卡公司以及他们的广告公司合作，了解和分析了市场状况，最终我们建议举办即兴表演构思课。在课上，我们将围绕与小企业主密切相关的主题和问题设计即兴表演。例如，现金管理不善、坏账带来的沉重压力，连轴转的疲惫生活，无法分隔工作和私人生活的无奈等，我们用一系列短剧把它们全都表演了出来。为了让课程更加贴近现实，这家信用卡公司邀请了一群小企业主来当观众，请他们为我们的表演提建议，告诉我们哪些部分更真实。没什么比一起开怀大笑更能拉近人与人之间或组织与组织之间的关系了。课后，信用卡公司和小企业主们有机会当面交流。他们的谈话触及了几个痛点，但双方共同的经验让他们能更坦诚和更有成果地进行讨论。没人觉得自己在被攻击或者被为难，因为我们的演员们已经把最难以面对的现实以幽默的方式呈现了出来，本该让人眉头紧蹙的事情变得直让人捧腹大笑。

在上述以及许多其他场合中，即兴喜剧创作过程有助于更深入地了解顾客以及他们面对的挑战，同时也能鼓励企业在他们的客户面前实时地调整和修改营销计划。与常见的调研和焦点小组环境相比，它营造了一种更加开放的交流氛围，搭建了一个能让企业与客户真正共同创造新产品的论坛，颠覆了传统的产品开发过程。

广告机构、公关公司和设计界越来越青睐这种与客户进行即时共同创作的模式，而不再热衷于独立搞创作。以前，他们认为展示自己专业能力的最佳方式是先设计好创意方案，然后把它“卖”给客户，但他们的方案往往与客户的需求相差甚远。传统观点认为如果客户被允许参与开发过程，他们就不会那么重视这些机构的能力了，所以在给客户开重要的推介会之前，机构的创意人才总是抱着“希望这次猜对了需求”的心态躲起来工作，有的时候一躲就是好几个星期甚至好几个月。

这种创作方法无意中带来了一个后果，那就是会造成“不行，但是”的互动模式，而不是更具有合作性的“是的，而且”模式。没有人喜欢被强行推销某个构思；人们更喜欢参与构思的过程，或者至少在被强迫做最终决定前能有机会发表一下自己的意见。

创意界齐齐转向共同创作，部分原因是由于当今商界对速度的要求所致。在美剧《广告狂人》（*Mad Men*）中，广告公司的创意总监唐·德雷柏（Don Draper）有时间喝着马提尼酒、勾搭客户的老婆，还有时间慢慢地、心无旁骛地搞创作。今天的商业环境和剧中大不一样，没那么多时间让你打着工作的幌子做其他的事情，也不可能让你放下其他一切事务找个僻静的角落埋头创作。无论是什么原因让创意界转向共同创造，总之，它已经逐渐获得了客户和机构的欢迎，毕竟合作带来的好处是显而易见的，那就是更好的创意。

让所有的表达都是安全的

很多时候，如果某个方法在公司里行得通，我们就不会深究它为什么有效。例如，一直以来我们都知道与观众共同创作一场演出的效果很好，但直至最近我们才知道为什么会这样：是封闭原则（Closure Principle），或者封闭原则的某种变体在起作用。你可能会问，封闭原则是什么？它源自神经科学，本质上指的是当我们看到一张不完整的图片时，我们也会“看到”图片里缺失的部分，这是因为我们的大脑天生就会自动地填补空缺，使之变得完整。

当然你肯定也知道我们不是脑部专家，但是我们发现这个有趣的概念和我们的工作大有关联，因为它揭示了人类的一个特点：人们自然地想去完善不完整的点子，把它变得完整；当被邀请完善某个点子时，人们往往会积极地响应。说来有趣，这个“封闭”原则在我们这行恰恰是“打开”创意大门的工具，它是即兴表演的核心部分，也是共同创造的驱动力，而且据科学家们说，它甚至可能是人类的天性。

谨记共同创造的 3 则教训

正如前面所说，第二城主要依靠即兴创作开发表演内容，我们的运作模式里有一个至关重要的环节，此前我们已经多次提及，那就是我们每场演出的第三个部分：即兴表演单元。

即兴表演单元相当于我们公司的研发部门，它的作用是不可估量的，它的运作方式是，六个演员、一个音乐总监、一个舞台总监和一个导演用 10 ～ 12 个星期的时间创作一个新剧目。

每天白天，演员们排练新内容，其中许多来自即兴表演，有一些来自写好的剧本初稿。晚上，在演出的第三部分，也就是即兴表演单元，演员们会把白天彩排的内容在观众面前试演。

即兴表演单元是免费的——这是关键，因为它让所有体验者都毫无负担。任何路过剧场的人都能推门进来，不用花钱（只要剧场有空位子就行）就能看这晚演出的最后的部分。即兴表演单元开始得很晚，到了这个时候花钱买票的观众差不多有一半人会选择离场，外头早已排队等着看免费喜剧的 20 多岁的年轻人则鱼贯而入。既然是免费的，我们也向他们传递了一个信息：可能他们看不到什么好表演，一分钱一分货嘛。当然，他们也可能会很幸运地看到一场精彩的表演，谁也说不准。可是如果观众不喜欢自己看到的表演，他们不能抱怨什么，毕竟大门开着，是他们自己选择走进来的。这样的安排也给我们的演员提供了某种安全感，由于不需要刻意地取悦观众，他们的压力能明显减轻。

我们还会给观众提供其他暗示，以便把即兴表演单元和每晚的前两幕演出清楚地分隔开来。在前两幕喜剧表演之后，演员们上台谢幕——用肢体动作表明今晚的演出至此告一段落。谢幕和掌声之后，一个演员重新上台做“结场”（与“开场”相对），一边鼓励观众多给点小费，一边推广剧院的其他节目。最后他会说：“还想多看点吗？”然后告知观众 10 分钟后演员们会返场表演第三幕：完全即兴创作的表演，不要钱！所有这些肢体和语言暗示引导观众为接下来的即兴表演单元做好准备，调整心态。

如果能与客户互动并获取他们的想法，公司也能受益良多。但是在社交平台上进行互动和共同创作，如在 Facebook 和 Twitter 上，则可能很危险。社交平台的确能让公司与客户进行某种程度的自由交流，但随之而来的是高风险，因为网上的信息未经过滤，意见良莠不齐。因此，一些机构开始组织他们自己的“即兴表演单元”。他们还是会与公众共同创造，但会设立好一定的交流条件，预定好期望值，以此为与顾客交流、开发新产品、培养新人才和开辟新研究方向等创设出安全、低成本、低风险、可能带来高回报的机会。

例如，2009 年《芝加哥论坛报》的编辑盖瑞·科恩（Gerry Kern）召集团队商讨如何与读者重新建立良好关系。由于网络平台的兴起，激烈的竞争导致读者量逐年下滑。盖瑞和他的团队提出了一个名为“论坛国”（Trib Nation）的新方案，打算利用多种平台加强与忠实读者群的沟通，同时希望能吸引新读者订阅《芝加哥论坛报》。

报社的领导者发挥自己即兴的能力，想出了两个与读者共同创作的绝佳方法。第一个方法是以一条推文开始的。一天晚上，“论坛国”主管詹姆斯·雅内加（James Janega）问《芝加哥论坛报》记者和编辑要不要下班后去比利山羊酒馆（Billy Goat Tavern）[1] 喝一杯。然后雅内加发了一条 Twitter，邀请有兴趣与报社记者和编辑面对面交流的读者来比利山羊酒馆聚会。当晚来了 100 多个读者，“论坛国”知道自己无意中走对了路。

“论坛国”开发的第二个共同创作机会是与第二城合作推出的新节目《芝加哥现场》（*Chicago Live*）。这是个访谈节目，由报社传奇作家里克·科根（Rick Kogan）主持，邀请《芝加哥论坛报》报道过的文化和政界名流与报道他们的记者同台座谈。我们为节目提供戏剧支持，由我们派出一位导演和一位舞台总监，每星期根据那个星期的新闻排一部讽刺喜剧，把舞台上不同的故事串起来。节目嘉宾来自各行各业，从芝加哥市长拉姆·伊曼纽尔（Rahm Emanuel）到《芝麻街》（*Sesame Street*）里的甜饼怪 [2] 应有尽有。每次节目表演完之后，现场观众都会被邀请留下来在大堂里喝点饮料、跟“明星”们聊聊天。当人们发现他们在同芝加哥最有趣的一批人交谈的时候，这个环节很快就成了节目最具吸引力的亮点之一。

每天通过报纸和网络平台阅读《芝加哥论坛报》的读者超过 40 万人，但是除了偶尔与编辑的通信之外，读者与报社之间很少有双向交流。《芝加哥论坛报》借助“论坛国”创建了自己的“即兴表演单元”，得以与读者共同创作产品。此外，读者能在社交平台上获得的参与感在这里也同样能获得。他们把与读者的交流从报纸上转移到了酒吧里或者舞台上，场地的变化让沟通更加随意，不必像在报纸上交流那样字斟句酌、束手束脚，与读者

① 这家酒馆是网红店，第二城校友约翰·贝鲁西、丹·艾克罗伊德和比尔·默里在《周六夜现场》表演的著名小品《干酪汉堡！干酪汉堡！不卖可乐！只卖百事！》捧红了它。——译者注

② Cookie Monster，儿童电视节目《芝麻街》中的蓝色布偶角色。——译者注

间的关系自然变得更加亲密。在这个更为轻松愉快的环境里，《芝加哥论坛报》也可以临时设定和管理参与读者的人数，毕竟活动的目的是深入互动，只有控制参与者的数量和规模才可能做到，否则只会造成参与感极差的混乱场面。

无论你是在偶发的状况下仓促地共同创造，还是在更加有备而来的“即兴表演单元”开展共同创造，以下是可供借鉴的几条经验。我们为这些教训付出了代价，所以希望你不必有同样的遭遇。

有些话曾经很搞笑，但它们不会永远搞笑

你必须跟上口味和社会习俗的变化。语言背后的力量和意义可能随着时间的迁移而发生巨大的变化。比如“智障”这个词，现在我们公司接到的愤怒的观众电话和信件投诉，一大半是因为它。5 ～ 10 年前，在演出里把这个词说上一千遍也没人有意见；而今天的观众极可能会强烈要求把它删除。

还有些话从一开始就一点儿都不搞笑。我们见过太多公司高管、主播或者各界名流因为说话伤人而断送了前程。美国威斯康星州运输部高管斯蒂夫·克里泽（Steve Krieser）把移民比作魔鬼，因而被解雇；电台主播唐·伊莫斯（Don Imus）贬损大学篮球队里的黑人女球员，故而砸了自己的饭碗。这些人的本意可能是为了搞笑。例如，公关部主管贾斯汀·萨科（Justin Sacco）的失业是因为在 Twitter 上开了一个与非洲和艾滋病有关的“玩笑”；喜剧演员吉尔伯特·戈特弗里德（Gilbert Gottfried）在 2011 年日本海啸发生之后发了几条粗俗的推文，于是丢了阿夫拉克萌萌鸭（AFLACK duck）[1] 的配音工作；日本地震后，美国密西西比州州长哈利·巴勃（Haley Barbour）的新闻发言人丹·特纳（Dan Turner）曾在邮件里开了一个不恰当的玩笑，邮件曝光后，他就只能灰溜溜地辞职。

第二城是最不在乎政治是否正确的工作环境之一，在这里工作不需要时刻提心吊胆，但这并不意味着我们可以说话不经大脑。在众人面前说话要求你必须了解自己语言的力量，隔行如隔山，搞笑的任务还是交给我们这些专业人士吧！

尽量避免公开谈宗教

第二城的演员们会大声咒骂美国自由党和保守党，会在舞台上假装开枪打人，会谈论战争，也会像水手一样出口成“脏”。但我们从不谈论宗教。

记住这一点：在商务场合绝不要拿宗教开玩笑，也不要自以为是地谈自己对宗教的见解。美国的开国元勋们早就确立了“政教分离”的基本原则，在工作场合中我们也应该这样做。

今天的悲剧可能成为明天的喜剧

第二城有几十部爆笑喜剧里都有枪战戏——多到我们得特地训练巡演团体如何在旅途中妥善携带道具枪支。但是在康涅狄格州纽顿市一所小学发生

① 美国阿夫拉克保险公司广告中走红的会说话的鸭子玩偶。——译者注

枪击案之后几小时内，我们删除了所有涉及枪支的戏。直到撰写本书的时候[①]，我们仍然没让枪支回到舞台。你无法预知这些灾难，但你的团队可以在内部做出反应，判断这些事件可能对公众造成的影响，随之相应地改变你的广告、产品或者服务。

“9·11”事件之后，哪怕只是提到“飞机”这个词都会引来观众的惊恐，所以我们就把这些词都删除了。当然现在我们又能拿航空公司开玩笑了，一些喜剧演员又把这个大家熟悉的喜剧点带回了舞台：难吃的飞机餐、逼仄的座椅等。

喜剧创作里有个流传甚广的公式：“悲剧加时间。”这不无道理。第二城老师安妮·莉贝拉（Anne Libera）对它进行了完善，在我们这行确切地说应该是喜剧等于“悲剧加时间加距离”。科罗拉多州哥伦拜恩校园枪击案发生一年后，第二城 e.t.c. 剧场创作了一部讽刺幽默剧，戏里两个角色打算重演那场惨剧，但是笨手笨脚地失败了。那一幕戏每晚都能让观众捧腹大笑，直到有个星期六晚上，一个年轻女观众站起身来哭着跑出了剧场。这是西北大学的大一新生，枪击案发生的时候她正在哥伦拜恩高中读书。对她来说，或许那次事件是永远甩不开的阴影，她将永远都无法平静地面对任何与之相关的喜剧。

这个教训告诉我们，必须关注大环境，了解当下的公众情绪和话题，才能摆正你的立场。当大家都在讨论严肃话题，就不要硬挤进去蹭热度，那只会影响你的品牌形象。“9·11”事件 12 周年纪念日那天，有些公司在社交

① 此处指本书原版出版时间（2022 年 3 月）。——编者注

媒体上发布的内容试图把自己的品牌和那次悲剧联系在一起，结果导致了舆论大爆发。例如，美国电话电报公司贴出了一张智能手机的图片，图片里有两道光，它们构成的轮廓恰好与世贸大厦双子塔原本的剪影一样。公众的反响是如此激烈，以至于美国电话电报公司火速删除了图片并被迫公开致歉。

最后要说明的是，当你邀请观众共同创造，就总会有潜在的风险。但是经验告诉我们，虽然在创造过程中让渡一部分掌控权的确有风险，可它会带来更好的表演、更棒的演出效果，相比之下那点风险就不值一提了。我们觉得对大多数公司来说道理也是一样的。反正可以小规模尝试，为什么不试一试，看看当你给他们机会共同书写你公司的故事，客户们会做出怎样的回应呢？不过要记住：迅速的共同创造在构思阶段效果最好，但你需要构建一个安全的环境，让参与者都知道你们是在即兴创作，偶尔的出丑无伤大雅，谁也不会因此惹上麻烦。然后，随着风险的增加，你可以放缓共同创造过程，多花点时间引导沟通，使之能突出你们公司独特的、真正的品牌形象。

YES,AND

即兴训练指南

1. 要想在公司内部或者阵容内部成功地进行共同创造，你需要留心以下 3 个关键点：
   · 找到“那个”点子，而不是“你”的点子；
   · 放弃掌控权；
   · 消灭恐惧。
2. 共同创造要求双方进行对话，而不是一方的独白。无论是在即兴表演中还是在商务场合，时机对于共同创造来说非常重要。当接收到实时客户反馈时（如现场观众提供的反馈），你必须同时分析反馈内容和做出回复。
3. 谨记共创的 3 则教训：
   · 有些话曾经很搞笑，但它们不会永远搞笑；
   · 尽管避免公开谈宗教；
   · 今天的悲剧可能成为明天的喜剧。

YES,

AND

第5章

秘诀四：

敢于冒犯，用“喜剧”缓解紧张

允许别人指出你的愚蠢与缺陷是一种肚量，更是一种力量。

埃尔文·布鲁克斯·怀特（E. B. White）曾写道：“分析喜剧就如同解剖青蛙，没几个人真有兴趣干这事儿，而被解剖的青蛙因此一命呜呼。”所以我们在此也不会长篇大论地进行分析，但是有一点我们必须强调：第二城已经花了几十年时间钻研如何把幽默有效地运用于各种场合；在此过程中，我们发展出了自己关于喜剧的理论。

在本章中，我们将向你展示如何把喜剧当作宝贵而有效的工具，帮助你随时随地迅速地抓住听众的注意力，尤其是在你的企业文化正在经历改变的阶段。而在把喜剧用作敲门砖时，你可以利用即兴表演技巧应对公司内外的挑战，让自己在面对市场变化或者各种不可控因素时游刃有余。喜剧和即兴表演这套左右开弓的组合拳能让你掌握许多品牌视为至宝的东西：真实性。

许多公司都把喜剧用作沟通方式，但是极少有公司对喜剧有专业理解，这一点实在是令人惊讶。那么喜剧到底是什么？我们找到了安妮·莉贝拉。莉贝拉是我们的同事，第二城培训中心前执行艺术总监，现任芝加哥哥伦比亚学院喜剧写作与表演专业主任，这是第一个专为喜剧写作和表演培养学士的项目。莉贝拉恰好也是凯利·伦纳德的妻子。

莉贝拉并没有试图找到一个全能的大理论去解释喜剧，而是综合了自己作为演员、导演和老师的丰富经验，重点研究喜剧的基本要素。她发现了构成喜剧的 3 大要素：共同语言、痛苦和距离。

喜剧的 3 大基本要素

1. 共同语言

莉贝拉指出："在第二城我们经常利用共同语言来创作喜剧。例如，在另一个城市进行表演时，我们会把内容'本土化'，单单提到附近某个郊区的地名就会引来全场观众会心一笑。再例如，演出时一个简单的扣题[①]，如前一幕里出现过的演员突然出现在后面的场景里，也会引观众发笑。"我们来看一个运用共同语言创作喜剧的绝佳例子，这场戏是由瑞奇·塔拉里科和雷切尔·汉密尔顿（Rachael Hamilton）在我们的主舞台表演的，当时正值莫妮卡·莱温斯基性丑闻案发酵期间。那一幕场景设置在厨房里，开场的时候两位演员谁也不说话，看到这婚姻中常见的一幕，观众们立马笑出了声：老婆背对着老公，老公小心翼翼地伸手碰了碰老婆的肩膀，老婆瞬间火冒三

① callback，指重复前面出现过的梗。——译者注

丈。很明显他做错了事，想请求她的原谅，而她无法原谅，于是选择冷战。塔拉里科终于开口说话了，他惟妙惟肖地用比尔·克林顿的南方口音央求道：“希拉里……”这时候共同语言创造的舞台效果达到了顶点，大家都知道了台上这对闹矛盾的夫妻正是媒体铺天盖地报道的政治丑闻中的主角。这就引出了喜剧里的第二个要素。

2. 痛苦

克林顿这幕剧之所以搞笑，并不仅仅因为观众共有的知识让他们辨认出了故事脉络。那一刻，他们猛然发现这个事件并不只是别人的丑闻这么简单，某种程度上他们也对夫妻在面对婚姻中的背叛时的那种尴尬和痛苦产生了共鸣。正如莉贝拉所说：“喜剧中必然会有一点让人不适的成分。哪怕是最简单、最幼稚的笑话也是如此。如‘问：什么东西是棕色的，还黏糊糊的？答：棕色的胶棒。’这个段子里就有一点让人不太舒服的感觉，因为观众会觉得‘我以为我知道答案，结果我猜错了’。此外它还会因为让人联想到某个禁忌的东西而不适。提起棕色和黏糊，绝大多数人会想到什么呢？泥巴？还是某个我们不该说的玩意儿？”不适、幸灾乐祸、紧张、格格不入、暴力、惊诧、认知失调、风险、尴尬、禁忌、危险、错误——这些都让人痛苦，但也都可以被用来创造喜剧。

3. 距离

如果我们只是把真实和痛苦放在一起，得到的不是喜剧，而是悲剧。还需要再加上一个元素：我们需要把真实和痛苦放在一个让观众感到安全和自由的环境里，才能让他们笑出来。“我喜欢把这个环境称作‘距离’，因为通常时间或者空间上的距离能让人从真实事件中抽离出来，从而创造出一种客观性，因此能给予人安全感。”莉贝拉说。

如果观众觉得某个跟近期事件相关的玩笑不好笑，演员会问他们：“开这个玩笑太早了？”有个类似的喜剧创作公式是“悲剧加时间”。但是喜剧的安全环境有时候还需要物理上的距离。梅尔·布鲁克斯（Mel Brooks）说：“我割伤了自己的手指，这是个悲剧；但如果是走着走着突然掉到个洞里摔死了，那就是喜剧。”不断地接触某个负面的东西能产生距离感，这就是为什么战场上的士兵或者手术室里的医生，或者工作上遭逢打击的同事们在生死一线时也能有“绞刑架幽默”①。

安全环境也不仅仅是距离问题，熟悉度或者信任也能带来安全感。例如，如果你认准了某人是好人，那么他开的玩笑哪怕不合适，你也会觉得好笑。再举个例子，如果身边都是朋友，涉及禁忌话题的玩笑也会让你大笑出声，但如果你的妈妈在场呢？可能你就不好意思笑出声。

在第二城，我们的剧本是在观众面前编写的，因此在创作过程中我们有充足的机会调整这三个要素（还记得上一章里米克·纳皮尔是怎么创造安全的环境让观众能欣赏超人那幕剧的吧），同时也有条件加深我们的理解，让我们能更好地把这些经验运用于剧场之外的各种场合。

我们通过第二城传播部与许多企业进行过合作。在与企业合作时，我们

---

① gallows humor，指针对自身的糟糕处境表达的一种幽默。——译者注

总是要寻求“搞笑”和“过火”之间的平衡。一提起大型企业，大家自然会下意识地觉得它们安于现状、缺乏幽默感，而且太把自己的产品、历史和领导当回事儿。但事实是，对于我们用喜剧反映事实的做法，我们合作过的政府和非营利性组织客户与那些大企业相比可以说是有过之而无不及。这些人可能享受比普通人更好的待遇，或者因为从事的是公益事业而对自己的工作更加有满足感，但是他们对待工作无比严肃，容不得我们乱开玩笑。

所以，当美国教育部邀请我们参加他们的重要项目时，我们特别有成就感。当时美国教育部正在召开教育改革会议，与会者包括改革涉及的三个重要的群体：学校董事会主席、学区督学和教师工会负责人。改革成败的一个关键在于各方要诚实地承认各自在教育系统里面临的挑战，并且客观地弄清楚自己的贡献和行为对改革是有利还是有弊。大家是这么想的：改革要落地的前提必须是保证每个人对公共教育系统的现状达成共识。

听起来有意思吗？事实上还挺有意思的，因为我们的教育部客户懂得幽默的价值，明白它能帮助我们真实而又有建设性地说出问题和阻碍。

我们没有选择嘲讽工会、学校董事会或者督学，而是做出了任何有底线的喜剧团体都会做的选择：我们的喜剧不去触怒任何在场的人，而是找了一个共同的“敌人”。

这次，我们选择讲一讲芬兰。

我们在会上表演的开场小品写得很精妙。它基于一个流行但缺乏事实根据的观点：芬兰人已经把教育研究透彻了。小品很搞笑，不仅仅是因为我们戴了假发、用芬兰口音说话或者拿驯鹿打趣，当然这些我们也的确都做了。这群人觉得小品搞笑是因为它突出了一个他们耳熟能详的观点，那就是我们的教育系统已经糟糕得无可救药了，而芬兰人比我们强多了。

这个小品起到了所有优秀喜剧能起的作用：通过真实地反映现状把大家团结起来，迫使观众理解某个真相。在这个案例中，真相是教育改革不是空话，大家需要实打实地干事，也不必妄自菲薄，因为没有哪个局外人有完美的系统，也没有哪个局内人掌握所有问题的正确答案。教育部把这三个独立的、往往还具有对抗性的群体拉到一起，试图让他们在艰巨的挑战面前开怀大笑，这本身是很冒险的举动。但是通过这个举动，教育部向他们证明了大家有达成共识的空间，也有采取共同行动的动力。我们花了两天时间，在会议现场表演了好几幕类似的喜剧，讽刺了统治教育政策几十年之久的现行设想和论点。尽管我们不能说我们以一己之力改变了美国公共教育事业的发展路线，但根据当时和后来收到的反馈，是我们让会议不那么剑拔弩张，如果一开始会议的基调定为严肃正式，或许不会这样富有成果。

我们完美地完成了任务。

喜剧加即兴表演组合拳

无论你就职于教育界、政界、创新企业还是财富五百强公司，变革都是很困难的。虽然我们不是专攻变革的咨询公司，但我们已经与成千上万不愿变革的公司合作过。丰富的经验告诉我们，喜剧和即兴表演在机构变革中能起到重要作用。当老办法解决不了新问题时，机构和领导就需要想办法改变沟通模式，让大家重新审视让他们走偏的老一套。有许多不同的方法能达到这一目的，但我们的方法是用精心编写的喜剧传递信息，让它瞬间抓住人们的注意力，使他们能直面让人不安的现状，同时又不会觉得被威胁或者被贬低。喜剧能够既温和又有力地指出哪些地方有问题，清楚地指明变革的必要性。但是只是捅破那层窗户纸是不够的，如果单单指出机构的薄弱环节和挑战，意义不大。我们不能只出现一下，演个喜剧，嘲笑一下他们的水深火热，然后就拍屁股走人。我们必须帮助客户建立解决这些问题的能力，才能算是真正派上了用场。所以，当人们害怕涉足新领域或者做出大改变时，我们会动用我们的秘密武器——即兴表演，帮助他们培养关键技能，以提高个体和机构的灵活度，为进行任何变革提供强大的后续支持。

换句话说，我们已经确定喜剧加即兴表演能组成一套强大的组合拳，减少变革的难度。先用喜剧找到问题并坦诚地讨论问题，再用即兴表演培养人们需要具备的关键技能去应对企业全面变革过程中可能出现的问题。接下来我们会用具体事例进行说明，先从喜剧的作用说起，再过渡到即兴表演部分。我们会为你提供一些工具、建议和练习，让你用来提高自己团队积极变革的能力。

正视问题，找出房间里的大象

在工作和生活中，想要让人们改变他们的行为，首先需要改变他们的态度；想要改变他们的态度，必须先让他们承认有问题需要解决，而且需要换个角度看待这个问题。我们在客户的董事会会议室、客服中心、休息室都见证过这个过程，但最好的例子并不是发生在工作场合，而是在一个休闲场合，那是在我们的长期合作伙伴诺唯真邮轮上。

我们与诺唯真游轮听起来似乎八竿子打不着，事实上我们的合作故事非常精彩。那是安德鲁·亚历山大的功劳，当时他在《今日美国》读到一篇文章，获悉游轮行业正在扩大业务范围，与不同品牌建立合作关系。百老汇音乐剧团、牛津大学、拉斯维加斯歌舞剧团等都跃跃欲试，想把自己的娱乐节目搬上游轮。于是亚历山大琢磨，我们为什么不去呢？

我们的业务拓展团队可是行家，他们说干就干。于是，我们搜索了排名前五的游轮公司，给他们寄去了邮件和公司宣传册，说服他们与我们合作。

这招奏效了。几个星期内我们跟 3 家顶尖游轮公司进行了面谈。一个月后，我们与诺唯真游轮达成协议，派遣第二城的一个阵容进驻“诺唯真之晨号”。演员们将在邮轮上表演有剧本的节目和即兴创作节目。此外，我们还提供即兴表演培训服务，欢迎任何有兴趣的船员和乘客参加。

我们觉得我们抓住了一个绝佳的商机，同时它也是一个难得的人才培养机会。事实的确如此，《周六夜现场》的三名演员凡妮莎·拜耳（Vanessa Bayer）、艾迪·布莱恩特和塞西莉·斯特朗都是在诺唯真游轮上磨炼过的。但是当时，我们也隐隐有些担心自己的品牌是否能与诺唯真契合，船上的观众会不会喜欢我们的节目。在芝加哥和多伦多剧场，我们喜剧的主要类型是政治讽刺剧，在舞台上我们嬉笑怒骂针砭时弊，但是在游轮上可不能用那一套。说到底，我们需要复制剧团创作剧目的成功经验，把它搬到这个全新的舞台上来，这意味着我们将让观众告诉我们他们喜欢什么、不喜欢什么。

由于没有机会让我们反复试错，我们只能预先推测观众可能喜欢的内容，等到上船正式表演时再根据观众的反馈替换内容。保险起见，最初我们准备的节目大部分取自我们最火的剧——都是经受住了时间考验的经典剧目。但是接下来的发展出乎我们的意料。

当你把一群即兴表演者关在一艘游轮上会发生什么情况呢？他们会开始写关于游轮生活的笑话。我们的演员们无意中发掘出了第二城对世界游轮娱乐业的最大创作贡献：船上生活的方方面面都可以拿来打趣。最了不起的是，诺唯真对此毫不介意。相反，他们还鼓励我们再大胆一点、挖苦得再狠一点。不得不称赞诺唯真游轮公司的开明，直至今日，船上的一切仍然都不是禁忌话题，我们的演员可以无所不谈。在合作了近十年后，第二城在诺唯真旗下的 6 艘游轮上都有全职阵容。我们聘用了 450 名演员、乐师和导演专门为诺唯真提供服务。

允许别人指出你的愚蠢与缺陷是一种肚量，更是一种力量。任何游轮上都有大家心知肚明却避而不谈的问题，我们用喜剧把它们挑明了：我们嘲笑船上狭小的房间、自助餐厅里看不到头的长队、喇叭里永远不停的刺耳广播，以及一按冲水键就仿佛能把你一起吸进下水道的马桶。观众很喜欢这些梗。

对于游轮上的员工来说，最大的困难之一是坏天气。虽然游轮公司控制不了天气，但是乘客们掏几千美元可不是为了被关在狭小的房间里听窗外雨打雷鸣、任海浪把他们推来搡去的。这种体验让所有人都很不开心。

天气不好的时候，剧院里总是坐满了人，因为没人能去甲板上消遣。每逢这种情况，我们的处境总是艰难：我们要在约两千名乘客面前表演喜剧，而他们可不是带着轻松愉快的心情来欣赏节目的。有的人不太高兴，有的人甚至很愤怒。或许有人觉得这时候最聪明的选择是确保不要在表演中提及天气话题，为什么要去触这个霉头呢？我们偏要提。

我们不停地提天气。如果大家刻意回避的话题是天气，我们绝对会开许多与天气有关的玩笑。这招很奏效。整个表演期间，你能感觉到剧场里的紧张气氛逐渐减弱。我们给观众提供了一个发泄负面情绪的渠道，当人们能笑对自己面对的问题时，他们就放下了针对那个问题的主观情绪。我们尊重观众对于天气的态度，但是我们不会敬畏它，不会把他们的态度奉为不能触及的敏感话题，因为那只会限制我们的创作能力，让我们在逗他们开心时束手束脚。

那么，我们与诺唯真的合作经验跟公司变革又有什么关系呢？两者之间关系甚大。在绝大多数的企业变革方案里，可以确定的一点是，至少会有部分人不满，因为他们不得不接受改变，如上下级关系、日常工作、工作体系甚至薪酬方式等。正如海上的乘客会因为突如其来的狂风巨浪而晕船和愤怒，员工同样会因为突然被迫改变而大为不适。在这种情况下，我们经常看到公司花大量的时间、金钱和精力淡化变革，仿佛这样就能说服大家这些改变并没有那么难以接受。我们给从与诺唯真合作中学来的经验取了个名字，既然有“商务休闲”这个说法，我们变个词，就叫它“商务直言”吧。商务休闲装的设计当然主要考虑的是休闲，也就是着装者的舒适度，但还是加上了一点点小心机以体现职场人的风格。“商务直言”的沟通方式也是如此，它以坦诚为主，但也不能忘了考虑别人的情绪，这样才能确保工作的顺利进行。在工作中，诚实而又周到地指出冲突是更好的选择，这样才能帮助人们更快地化解冲突，以便回到工作的正轨。

变革需要行为上的真正改变，在人们能改变行为前，他们首先需要改变自己的态度。借助喜剧缓和紧张和对立的气氛能有效地帮助人们更快地改变态度。只有态度变了，才能获得切实的变革成效。

要尊重，不要尊崇

好吧，我们知道肯定有人在吐槽：“行吧，那套喜剧理论对你们第二城的人来说当然很棒，但是在我们公司绝对行不通。我们公司比保守党还要保守，我们老板绝不会允许我们公然嘲笑真正的问题。”这样吧，朋友们，找个舒服的姿势坐下，这个部分正是为你而写。我们为你写了一首歌，歌是这么唱的……

事实上我们不会写歌，但是对这个话题我们超级有自信。你这样的质疑我们听过上千次了，有这样的顾虑很正常，具体问题总是需要具体分析的！但是经验告诉我们，当你需要传达某个重要信息时，若是能巧妙地使用喜剧，没有哪个公司或者话题不会从中受益。**我们甚至要告诉你：消息越重要，越需要用喜剧快刀斩乱麻地直击重点、抓住人们的注意力，并让大家感到安全地畅所欲言。**与直觉相反的是，风险越高，越需要创造坦诚交流的空间，在这一点上几乎没有别的方法比喜剧更有效。

还是将信将疑？看看这样能不能打消你的疑虑。在过去的3年里，我们已经迅速但是悄无声息地在企业道德与合规培训领域发起了翻天覆地的变革。我们是怎么做到的？我们把喜剧引入培训，用它讨论那些最棘手、最无趣、最"搞错一点就可能坐牢"的话题。无意冒犯与我们进行合规培训的合作伙伴，但是这个领域真的亟需变革。那些曾经不幸经历过网上合规培训的人，还记得"内幕交易"、《海外反腐败法》等课程吧，你们是知道那有多么乏味的，有时候甚至是在侮辱你们的智商。这些培训里无聊透顶的讲解让人昏昏欲睡，弱智的角色扮演让人无可奈何，还有自我检查表，这玩意儿极少能带来积极的行为变化，反而让每年不得不接受年度行为准则认证的可怜人心怀怨怼。

在我们与企业客户的所有合作中，道德与合规培训是最"喜剧勿近"的领域。一直以来，这都是最为严肃的话题。在以企业为创作背景的喜剧里，我们能轻描淡写大部分话题，但凡是涉及"道德与合规"，大家总是无比小心谨慎。不过，我们明知山有虎，偏向虎山行。令人意想不到的是，它居然成了我们公司最受欢迎的一项业务。事情是这样的：2007 年金融危机之后，第二城的主要业务，即企业娱乐、培训和市场营销，也遭到了沉重打击，传播部急于开发一些不受经济萧条影响的新业务。后来我们接到了几个项目，要求我们为某家公司拍摄短片，推广他们的道德行为准则。制作过程中，随着了解的逐渐深入，我们突然意识到这可以是一个极好的商机——大公司必须进行此类培训，而市面上这方面的相关产品几乎全都乏善可陈。于是我们开发出了"真实商业短片"视频库。其中"短片"指的是搞笑短视频，突出"真实"是因为我们要一针见血地点出现有合规训练的短处——脱离现实。我们的短片很真实。

3 年来，在与近 300 家蓝筹股客户合作后，"真实商业短片"已经成了第二城的一大业务板块，它的创作理念基于一个与直觉全然相反的理念：风险越高的场合越需要喜剧。我们之所以能取得成功并不是因为我们拿违法或者不道德的行为开玩笑，而是因为那些难以理解的话题在经过我们的演绎后不再让普通职员觉得“这与我无关”，同时还具有了趣味性，这样一来才可能吸引他们的注意力，让他们愿意观看。

在喜剧创作中我们经常用到“三法则”①，对于喜剧在商务沟通中的作用我们也可以用 3 个要点来表述——注意力、态度、行为：除非能吸引人们的注意力，否则不可能改变他们的态度；除非改变他们的态度，否则不可能改变他们的行为。我们所使用的“真实商业短片”和喜剧方法恰恰能吸引人们的注意力，而我们在合规培训领域看到的积极转变证明每个人都能从中受益。

尊重但不敬畏

我们发现当公司或个人缺乏幽默感时，往往是因为他们抱有一个错误的观念，即必须对公司和观点保持敬畏之心。我们的观点与之不同，我们认为应该用“尊重”替换“敬畏”。

来看两个词的释义。

尊重：因为某个人或者某种个人品质、能力的足够优秀、有价

① Rule of three，一种写作原则，成三的事件或人物比其他数字更幽默、更有趣或更深刻，这种文本形式的受众也因此更有可能记住故事所传达的信息。——译者注

值，而对他的敬重。

敬畏：尊重的同时带有一丝由敬而生的畏惧；崇敬。

我们强烈支持“尊重”。至于“敬畏”，我们呼吁大家尽量慎重。两者之间的差别在于，“尊重”好比交通规则，是它让我们不会在十字路口事故频发。“尊重”要求你考虑到他人。然而“敬畏”把“尊重”变成了只可远观而不可亵玩的完美之物，让人不敢触碰。

“尊重”允许意见不同的人进行沟通，为潜在的理解和改变铺平道路。“敬畏”造成对个人和机构的偶像崇拜，它会“对”我们说话而不是“和”我们说话。“敬畏”意味着不容置疑，它是变革的敌人。

这个两分法在公司、政界和教育机构随处可见。在任何采用层级管理模式的机构（差不多我们所有打过交道的机构），每一个层面都能看到尊重和敬畏造成的不同动态：下属和老板之间、选民和代表之间、信徒和牧师之间、学生和老师之间、老师和校长之间、教师工会和学校董事会之间。

由于上述这些关系涉及不同地位的人，相互尊重的动态很容易就会变成敬畏。一旦如此，地位较低的一方将怯于指出地位较高的一方（或者他所代表的机构）存在的缺点和不足。无论在什么场合，不敢对上位者讲真话都将导致势在必行的变革难以实施。早在中世纪就有以搞笑为生的宫廷小丑，很可能在更早之前，甚至在穴居时代，喜剧就已经担当起营造公平氛围的重任，是它为下位者提供了发声的机会，让他们能指出领导者的缺点和不足。

顶级的讽刺剧在于能以尊重的态度痛快淋漓地把讽刺发展到极致，即把尊重与不敬完美地结合。只有这样才能发人深省，从而让变革成为可能。如果人们觉得自己没有得到尊重，他们是听不进你的意见的。当第二城表现极佳的时候，十有八九是因为我们选择在“尊重”与“不敬”之间走钢丝，寻求那微妙的平衡。这就是我们谋生之道。或许第二城最惊人同时也最没有得到世人充分认可的能力就是我们能在两个看似相互矛盾的事物间找到完美的平衡：讽刺的天赋，我们用它粉碎所有应该被粉碎的障碍，以及我们对于“是的，而且”原则的全力贯彻，也就是肯定并完善现有的理念。所谓不破不立，我们破除该破除的，但是也会重建出比从前更好、更神奇、更有远见的东西。

如果在着手创新时你对自己的产品或者服务过于敬畏，那么你将畏首畏尾，不敢大刀阔斧地改革。敬畏之心会使你更加青睐现有的状态，而不是去创造更美好的事物。

为什么非要寻求尊重和“不敬”的结合呢？因为经验如此，几乎每一个创新行为，无论是产品设计、教学法改良，还是组建一支能获胜的棒球队，都曾在面临改变现状时这么做了。创新者们会质疑事实，凡是涉及真理，他们就不会把任何事情视为理所当然。这样的例子有很多。

爱因斯坦尊重数学和物理基本定律，但并没有过分敬畏牛顿的学说，所以他才能提出相对论，更好地解释宇宙的奥秘。

乔布斯尊重科技给人们生活带来的便利，但也没有过分敬畏科技现状，所以他看到了科技产品在美学与实用性方面仍有改进空间，为普通人设计出了更精致的产品。

比利·比恩（Billy Beane），这位因迈克尔·刘易斯（Michael Lewis）的畅销书《点球成金》（*Money Ball*，后被好莱坞拍成电影）而出名的美国职业棒球大联盟奥克兰球队总经理，他虽然尊重联盟的经费预算规则和奥克兰运动家队的老板，但他彻底改变了带队方式，利用数据统计作为决策依据，带领运动家队以少许经费立足于大联盟。

这些创新者和变革的带头人是真正的即兴大师，就像我们创造讽刺作品时采用的方法一样，他们借助“是的，而且”原则，以尊重的态度对现状“不敬”地发起挑战，让世界变得更美好。

当你是变革的带头人，做到上述这些自然很容易，毕竟顶着重重阻力力挽狂澜的感觉很棒：是其他人把事情搞砸了，他们必须改变，你才能把运转不良的公司带上康庄大道。但是如果你不是带头人，而是必须被改变的人中的一员呢？如果你恰恰是别人眼中阻碍进步的拦路石，哪怕你本意并非如此呢？无论你们的议题是公司战略、内部政策或者新产品开发思路，作为领导者，你必须乐于倾听别人的意见，同时保持开明的心态，愿意承认可能有更好的解决方法，表现出你自己对于尊重和敬畏的平衡；如果你不是公司一把手，也不意味着这就与你无关了，或许你不是最大的那个领导，但只要你需要管理几个手下，或者你的职责可能推动或阻碍团队的工作，那么你就是一个领导，我们这些话就是说给你听的。

喜剧加即兴表演组合拳

我们试图用“尊重但不敬畏”的领导方式管理第二城。实话实说，有时候我们做得很好，有时也会考虑不周。但无论如何我们每年都会举办“第二城年度节日派对”，给员工畅所欲言的机会，从他们那里听取真心话。

几十年来，我们年度节日派对的主要特色之一就是“员工表演”。这是一个大约 40 分钟的讽刺剧，由剧院的晚班员工和兼职的日班员工共同表演，一般会在当时正在上演的讽刺剧上借题发挥，滑稽地演绎第二城幕后、聚光灯外的工作体验。

通常这个表演无礼、粗俗、辛辣、不留余地、极度搞笑，而又无比真实。任何人都可能被它挖苦得体无完肤，没人能幸免。

无论是舞台上耀眼的明星演员、部门领导，还是公司大老板，“员工表演”对他们绝不会“嘴”下留情，小到爱显摆的毛病，大到不受欢迎的业务决策，全都可能被这场表演拿来取笑。几年前，他们甚至用这种喜剧方式为兼职员工争取保险，场面辛辣搞笑，表达的却是极为严肃的诉求。

那次表演以一首中规中矩的歌开场，唱出了日班全职员工和晚班需要做所有脏活累活的员工的差别。但是接下来，晚班员工中的一名女服务员走下台，站在老板安德鲁·亚历山大的座位前对他唱道：“他可以任性地穿牛仔裤，为什么他不能给我们买保险？”总经理迈克·康威（Mike Conway）尴尬地躲在桌子底下不敢出来，生怕事情闹过了头。那可能是这个舞台上近年来发生过的最剑拔弩张的一幕了，因为戏里演的角色都可以对号入座。然而，安德鲁·亚历山大笑了。他若有所思。第二天，亚历山大召集团队研究解决之道，要求立刻想办法解决所有人的保险问题。我们做到了。

晚班员工得以用喜剧带来变革并不仅仅是因为他们的讽刺剧体现了尊重的态度（在我们的公司文化中，这剧并不过火），而且因为它很有效地做到了“不敬”现状，用搞笑、诚实的方式在公开的场合指出了员工对保险问题的不满。

当然，我们知道绝大多数公司的年度节日派对上不会有舞台表演环节，但仍然有许多其他方式营造一种适当宽松和“不敬”的氛围。例如：

- 我们的一个提供专业服务的客户在公司里发布内部简讯，以高管全年的出丑瞬间为主要亮点，让员工知道可以安全地指出领导的错误。
- 项目管理公司贝斯卡（Basecamp）举办产品吐槽大会，鼓励大家指出设计和产品的缺陷，以便他们做出相应的改善。
- 越来越多的公司定期开展“如果我们可以做任何事”构思会议，为员工提供机会分享“跳出盒子”的创造性思维。

或许你的公司在这方面也已经有了自己的解决方法，具体怎么办并不重要，重要的是领导们需要创造出适宜的环境，温和而又保持尊重地定期促使不足之处、错误、不同意见浮出水面。**如果员工担心说真话会被打击报复，那么问题只会被藏起来，也就不可能有积极的组织变革。**

尊重、敬畏和真实性

除了能为你的公司带来更好的变革和创新，当你找到尊重和敬畏间的动态平衡时，你还能获得另一个重要红利：真实性。

一直以来真实性都被人们珍而重之。商业领导人、政客、品牌都希望被视为真实可靠的。眼下人们似乎比过去几十年更加喜欢讨论真实性，或许是因为网络的出现，虽然网络也有不少缺点，但它的确带来了更高的透明度和公开度。每个能上网的人都有了向全世界发声的机会，而且他们会毫不吝惜地使用这样的机会，生活中的任何不足、公司缺陷、不良企业公民等负面因素都必然被曝光出来。当然，好事、成功的故事和感谢信等正面因素也是一样。

总结起来，是网络使公司无法躲开它们服务的对象，这个新现实以不可挡之势带来了公司的透明度，以及在某些情况下，前所未有的“不敬”。

举个例子，看看下面安德鲁·梅森（Andrew Mason）离开团购网站 Groupon 时的辞职信：

致 Groupon：

作为首席执行官，我在 Groupon 度过了紧张而又美好的四年半之后，决定花费更多的时间陪伴我的家人。这是一句玩笑，事实上，我今天被解雇了。如果你想知道为什么……这说明你没有关注公司状况。从招股书中饱受争议的统计方法，到财务报表中的重大漏洞，从连续两个季度业绩低于我们自己的预期，到股价跌至发行价的四分之一，过去一年半里发生的事情已经相当有说服力。作为首席执行官，我难辞其咎。

值得一提的是梅森是芝加哥第二城的老熟人，在他担任首席执行官期间，Groupon 出了名地喜欢聘用即兴表演者，它不仅看重即兴者的搞笑能力，也看重他们的适应能力和敏捷的思维。

其他公司也同样采取了自曝其短的策略。达美乐比萨进行了一次广告活动，承认自己的比萨其实并不是真的很好吃，甚至承诺消费者如果不喜欢新推出的改良比萨，他们可以得到退款。结果达美乐比萨营业额激增。你可以说达美乐比萨的“不敬”（承认自己的产品不够好在食品广告界简直闻所未闻，通常我们在广告里看到的都是“咬一口就露出沉醉的微笑”以及新鲜蔬菜以慢动作在空中翻滚的镜头）恰恰是对顾客最大的尊重，因为它说出了顾客的真实感受。

当奈飞公司更改公司政策并提高费用时，首席执行官里德·哈斯廷斯（Reed Hastings）成了众矢之的。他公开致歉，改回了原来的政策。现在的奈飞一飞冲天，靠的是一系列精品之作，如《纸牌屋》（*House of Cards*）、《发展受阻》（*Arrested Development*）和《女子监狱》（*Orange is the New Black*）等剧。哈斯廷斯没有一味强调自己的职位和公司的政策，所以他才能看到撤销政策和尊重顾客意愿的好处。

最后再用一个例子来探讨尊重、敬畏和真实性之间的关系：第二城经常收到恐吓信。但我们公司和你的公司之间的差别在于我们很可能会把恐吓信裱起来，陈列在大堂里供每一个观众阅读。

我们这么做有两个原因：第一，这样很有趣；第二，它突出了我们品牌的精髓。它向观众真实地展示了我们是个什么样的公司，让观众们在观看第二城表演前先对我们有所了解是非常重要的。而且，老实说，我们把这些信挂在墙上也是为了我们自己的员工能每天看到，反复在员工心中强调第二城的品牌精髓也很重要。对于我们而言，这些信远比某些挂在休息室走廊里的缺乏上下文的打鸡血的口号真实多了。

因此，如果你希望变革或者创新，你需要具备打破现有权力基础的能力和意愿——敢于冒险得罪那些一心维持现状的人。弃旧的同时你也需要具备图新的信心和决心，不能只破不立。此外你还要做好心理准备，当下一个创新者对你做同样的事情时，你应该有应对的勇气和气量。每当收到恐吓信，我们就知道我们肯定走对路了，也知道我们秉持了自己求真的初心。当然，我们的作品往往具有颠覆性，其他公司未必需要如此，如果他们也收到大量恐吓信并且开始迅速流失顾客，可能就需要重新反省自己的策略了。**但是，如果你在进行创新变革，却没有一个人表示不满，大概率说明你的变革力度还不够。**

保持真实的同时还要在尊重和敬畏之间找寻平衡点，这并不是件容易的事情，这也是为什么大多数人习惯性地假定变革发起者和创新者生来就有某种特殊的基因能助其成功。而事实上，你能训练人们成为更好的创新者和变革主体——我们每天都在这么做。

即兴表演，培养变革技能的良方

多年来与各行业客户的合作带来的丰富经验告诉我们，即兴表演是培养变革和创新技能的有效方法。每年我们为数万人提供即兴表演培训，尽管其中不少都是胸怀抱负的演员，也有很大一部分人是第二城传播部给我们带来的商界客户，这些专业人士需要进行团队合作，他们渴望强化自己某方面的工作能力。我们会提供各种各样的培训项目，但着重在团队灵活度、信任和互相支持，以及开放的沟通这三个方面下功夫。下面我们将逐个进行解释。

团队灵活度

在大公司里工作有很多好处，但最大的坏处之一就是大公司往往反应迟缓、抵抗变革、缺乏灵活度。而优秀的即兴表演者恰恰相反，他们极度灵活，思维敏捷，能够巧妙地对新信息做出回应。故而，我们能把培养即兴表演者的经验用于团队培训。

我们曾与一家消费科技公司合作，当时它正在发愁怎么把产品迅速投入市场。这是一家全球性的大公司，也是行业领头人之一。然而，随着公司规模不断壮大，产品开发环节似乎更加难以推动。为了更好地与新进入市场、更有灵活度的对手竞争，他们迫切需要找到方法提高自己对市场环境的灵活度和适应度。该公司一名项目经理很好地总结了他所面临的挑战：“我们都知道我们的工作流程很复杂，但是我们面对的最大问题之一，是如何在意料之外的改变频频发生时仍然能维持项目组的士气和竞争力。”

这家公司学习与发展部门的人邀请我们加盟他们的大型管理改革计划，我们一起举办了一系列变革与适应力研讨会，为该公司工程、供应链、项目管理、销售和产品营销部门等产品开发过程涉及的主要人员提供培训。

在变革研讨会上，我们进行了一个名为“收回那句话”的练习，用来帮助团队成员更加灵活地应对意料之外的情况，同时也是为了鼓励他们能处变不惊地主动为团队提出新颖和实用的解决方案。在这个练习中每三个人组成一组，其中两个人可以就任何话题进行交流，第三个人的任务是充当信号器，随机拍一下巴掌打断两人的对话，在此时正在讲话的人必须收回刚才自己说的最后一句话，用能融入上下文语境的另一句话来替代。例如，有一组的“收回那句话”对话是这样的。

甲：今天我在送儿子去日托中心时看到了一场车祸。

乙：每次看到车祸我都觉得好可怕，因为我担心有人受伤。

（丙拍手）

乙：每次看到车祸我都觉得好可怕，因为我知道我会因此而上班迟到。

（丙拍手）

乙：每次看到车祸我都觉得好可怕，因为它让我回想起16岁那年我把我爸的车撞报废的经历。

这样的对话同时在各组上演，过了一会儿，我们叫停练习进行总结。我们组织学员讨论如何才能让这种不同寻常的对话成功开展下去，一位学员说：“我原以为这样的对话会更困难的……我的队员能够迅速适应游戏规则并且总能提出新想法让对话进行下去，这真的让我很惊讶。”

对于这群学员，以及许多其他我们曾经合作过的学员而言，这个练习是一个莫大的安慰，它让大家明白他们和他们的团队成员远比自己想象中的更加善于随机应变，只要他们能保持正确的心态，无论遇上什么障碍，他们几乎都能想出新的解决方法。通常，在团队中最大的压力诱因并不是某个特定的改变，而是当改变发生时，我们会觉得自己有责任成功地适应改变以及不让身边的人失望，这份沉重的责任感让我们压力倍增。“收回那句话”这个练习提醒我们，只要我们能相信自己，与团队成员互相帮助，那么无论在工作中遭遇任何困难我们都能克服，因为事实上我们具备了应对意料之外问题的所有能力和工具。

与这位客户的合作持续了一年，其间我们组织了多次研讨会，几百名主要员工参与其中，我们见证了他们从最开始的疲于应付到后来不断改善新产品开发流程的过程。诚然，他们还会面对各种挑战，但是总体而言他们能按时完成产品开发，与过去相比，最后期限对他们来说不再是让人惶恐的催命符。我们不敢说自己的贡献是最大的，我们只承担了这个大型改革计划中的一小部分工作，但是我们敢说，所有来参加研讨会的人都是带着满足感和成就感离开的，他们真切地提升了对自己和团队灵活度的信心。

有位参与者做了个漂亮的总结，她说：“我们工程部门的任务是解决产品缺陷和瑕疵，可是人不可能不出错，事情也不会总是按计划进行。经过研讨会培训之后，现在我们能更好地适应产品开发过程中出现的任何意外。”

信任和互相支持

变革通常会涉及公司里的每一个人，所以在进行大规模改革计划时，建立充满信任和互相支持的环境非常重要。**当原本习以为常的事物发生改变时，往往会带来更多的摩擦、困惑和矛盾，想要成功，关键在于你要确信可以信任身边的人。**在大型公司里这一点很难做到，并不是因为人们本身就不值得信任，而是因为每个人优先考虑的事项不一样，计划和目标也不尽相同。即使我们愿意为彼此提供支持，也不会付诸于实际行动，因为我们都需要专注于自己的职责而分身乏术。

第二城传播部加拿大分部曾在几年前与一家从事零售业的公司合作。当时这家公司正在启动大型结构调整计划，随之而来的是一系列制度和流程上的改革，这与他们习惯的老一套相去甚远。我们是在该公司改革计划启动约一年后加入的，此时他们已经熬过了最痛苦的改革初期，但是还有些残留的不适感，而且大家普遍觉得这场结构调整造成了公司人员地位的变更——有些人成了赢家，有些人则沦为输家。

我们应邀为该公司领导团队（约50名来自各职能部门的管理人员）提供培训，目标是帮助他们重建改革后缺失的员工间的信任感，以及创建一个更有凝聚力的运营团队。为此，我们设计了一系列活动，其中包括一场有趣又搞笑的高管脱口秀，允许领导团队成员上台解释公司为什么会采取某些改革举措、能从中收获哪些好处。但我们的培训中最重要的部分大概是给高管们组织的变革研讨会。

我们所有的即兴表演研讨会都会涉及阵容构建，这自然是即兴表演本身的要求所致。我们举办的研讨会既有趣又生动，人们能以与日常工作全然不同的方式彼此互动。但是这次的研讨会，除了一般的阵容构建游戏，我们还想通过一些练习来触及这支队伍所面对的核心问题——信任，从本质和经验的角度出发为他们剖析信任究竟是什么以及信任的缺失会造成什么样的后果。

为了达到这一目的，在进行完一系列热身游戏和沟通练习之后，我们让他们做一个名为“谢谢你，雕像”的练习。在这个练习里，我们把参与者分成两组，分别围成一个圆圈，每个圆圈由大约 25 个人组成；然后我们邀请一位勇敢的参与者站到圆圈中央，摆出任意的造型扮作雕像（什么姿势都行，可以装傻，也可以一本正经）；摆好造型后，圈里的一名参与者需要走到圆圈中央拍一下第一个人，示意他可以离开，再摆出自己的造型；被拍的第一个人对第二个人说“谢谢”并站回圆圈。

我们让这个练习持续了一会儿。有的时候没人愿意站到圆圈中央去，就会出现尴尬的停顿，这很好理解，在同事面前摆造型实在是有点奇怪，对于较为内向的人而言，这甚至有点让人恐惧。但是几轮之后，我们要求大家加快速度，很快他们就驾轻就熟了。练习的最后一个环节我们改变了游戏规则，参与者不再把前面的人替下场，而是需要根据前面人的姿势摆出一个相关的姿势。最后，当每个圆圈各剩下一个参与者还没上场的时候，我们要求他们分别给场上由众人构成的雕像命名。一尊雕像被命名为“卷曲的，不是你的头发”，另一尊则被称为“水盆边的约会之夜”，谁能想到加拿大人这么有抽象派艺术家细胞呢！

给雕像命名之后，现场迸发出热烈的喝彩声，接着我们对这个练习进行了讨论和总结。

“嘿，走到人前摆造型可真不容易。”一名参与者说。另一个人答道：“我满脑子想的都是怎么能看起来帅气一点，越想越拿不定主意，结果让你们一头雾水地干等着。”

“谢谢你，雕像”是一个很好的练习，因为它形象地描绘了我们每天的工作状态。我们把点子摆出来供别人品评，我们获得或者无法获得团队成员的支持，我们为了做出自己眼中“最帅气”的表现而纠结不已，而对眼前急需支持的事务视而不见。当然，也会有人在同事需要支持时施以援手。

在经历了大型公司的改革之后，这些高管需要意识到无论他们的职责或者工作关系如何转变，只有彼此间互相支持才能获得成功。他们也需要被提醒，在提出新构想时那种忐忑的心情，以及当别人支持你的构想时你又会多么的如释重负。他们还需要铭记，只要带着感恩的心和合作的精神，他们可以应对任何改变。练习之后就是午餐时间，团队领导走过来，他看着三五成群共进午餐的高管们，跟我们的培训师说：“真有意思，他们都没和平时常交往的人坐在一起。”他一边笑一边指着房间的另一头：“看到那边那两个一起吃饭的家伙没？我从来都没想过他俩会凑在一起！”

开放的沟通

对于公司变革而言，即兴表演能起到的第三个作用就是搭建更为开放的沟通平台。想想吧，如果你曾经参与过大型项目、公司重组或者任何大型改革计划，你就会知道哪怕计划得再周详，在实施过程中总会出现些小问题。在这种情况下，频繁、开放且坦诚的沟通是确保及时发现问题并迅速解决问题的关键。

即兴表演的主要益处之一是它能让人变得更为开明，在诊断和解决变革中出现的问题时，这种开明的心态通常是必需的品质。

在为高管开设的变革培训中，我们还会开展一个即兴表演练习——情绪选择（Emotional Option），业内人士也把它简称为“Emo Op”。在业内，情绪选择一般被当作一种表演游戏，但在培训项目里，它也能被借来一用。

这个练习很简单：每两个参与者组成一对，他们可以就任何话题进行交谈，培训师随时可能喊出一种情绪，例如恼怒、发狂、忧郁、担忧等，参与者必须用那种情绪继续进行他们的交谈。试想如果你们恰好正在眉飞色舞地聊飞钓或者爆米花，突然让你配上上述的情绪会是怎样的场景。这个练习的关键是为了让参与者明白一个道理：说话的内容不仅取决于你所表达的文字，也取决于你表达的方式，即说话的情绪也会影响别人对内容的理解。说的还是那些话，但当你附加上不同的情绪，意义就会截然不同。

情绪选择可以从以下 3 个层面帮助你应对变革。首先，它能让你更好地理解和辨识别人在交谈时表达的不同情绪。其次，你能决定你是否想要用同样的情绪与对方沟通，还是采用另一种更能帮你达成目的的情绪。最后，它能提醒你沟通并不单单是指你在说什么，还包括其他因素。

在工作和生活中，变革总是无法避免的，这意味着我们随时要面对各种挑战和困境。但是喜剧使得改变没那么艰难，它能为各种沟通打开大门。一旦沟通的大门被打开，即兴表演技能能让沟通变得简单许多。

YES,AND

即兴训练指南

1. 喜剧的 3 大基本要素：共同语言、痛苦和距离。
2. 在喜剧创作中我们经常用到“三法则”，对于喜剧在商务沟通中的作用我们也可以用 3 个要点来表述—注意力、态度、行为：除非能吸引人们 的注意力，否则不可能改变他们的态度；除非改变他们的态度，否则不可能改变他们的行为。
3. 风险越高，越需要创造坦诚交流的空间，在这一点上几乎没有别的方法比喜剧更有效。
4. 如果在着手创新时你对自己的产品或者服务过于敬畏，那么你将畏首畏尾，不敢大刀阔斧地改革。敬畏之心会使你更加青睐现有状态，而不是去创造更美好的事物。

YES, AND

第 6 章

秘诀五：

刻意练习失败，不完美比完美有趣多了

我们丧失冒险的能力和信心的那一刻，就是艺术走向死亡的开端。

每天深夜，在剧本表演之后的即兴表演单元是免费的。其中的原因是，它很有可能会演砸，很大一部分即兴演出都会失败，在我们看来这没什么关系。事实上尽管我们这一行跟别的行业很不一样，但我们和世界上所有的公司都有一个共同点，那就是我们都会遭遇失败。我们经常失败，有的时候败得一塌糊涂。失败可能会发生在任何地点、任何环节，如舞台演出时、会议室里开会时、巡演途中、招聘和解雇员工时、在培训中心上课时等。55 年前我们失败过，今天我们会失败，将来我们仍然会面对失败。当你明白只有持续地挑战自我和改造自我才能保持自己在这个世界的优势时，失败就会自然而然地成为生命中不可或缺的一份子。

失败没什么大不了

我们不是美食家：我们曾经在多伦多开过一家餐厅，有一次我们推出了一道新菜式："生蚝大堡"，就是一个汉堡上面加一只生蚝。当剧院门前排满了救护车把几十名因食物中毒而呕吐不止的顾客拉往医院时，我们意识到这道菜该从菜单上撤下来了。

如何把一家剧院玩倒闭：在克利夫兰一家新剧院开张的前几周，由于有些合同还没有签好，我们决定还是暂时不张罗宣传活动，诸如广告、团购、促销等传统手段。有意思的是，等我们合同就绪、开门迎客的时候，剧院并没有爆满，以我们的名气，居然会发生这种情况，真是不可思议！接着，在我们上演第一场讽刺剧《燃烧的大河之舞》（*Burning Riverdance*）时，一家享誉国际的爱尔兰舞蹈公司给我们发来了法院禁止令，强制要求我们更改剧名和所有宣传图片。来的观众本来就不多，他们还对我们演出里每一个讽刺布什政府的梗都大声喝倒彩。19 个月后，我们灰溜溜地关门了。

上一次这么干成功了，这次这么干应该也行：我们为企业道德和合规培训制作的系列视频取得了巨大的成功。不久后，我们又看到了销售培训方面的商机。不幸的是，在开发首批视频时，我们高估了客户们在销售方面对于搞笑沟通的接受度，同时我们在产品开发上也花了太多钱。这么说吧，好莱坞有《飞越迷城》（*Ishtar*）、《未来水世界》（*Waterworld*）和《异星战场》（*John Carter*）这些不计成本的大制作，我们有这批培训视频。往好的方面想，在我和凯利·伦纳德退休前搞不好这个项目就会咸鱼翻身呢。

第二城蒙特利尔分部：在过去的 20 年里，我们已经 3 次宣布将在蒙特利尔开设一家第二城剧院。时至今日，我们在蒙特利尔连半个剧院都没开。

严肃的即兴表演：20 世纪 90 年代中期，我们中的一小拨人，包括亚当·麦凯（Adam Mckay）(《王牌播音员》导演、喜剧视频网站“娱乐至死”的创始人之一）和布莱恩·斯达克（Brian Stack,《柯南秀》演员），决定在瑞格利球场（Wrigley Field）附近租一个店面当剧场，上演夜间即兴表演，但是在这里即兴表演的不是喜剧。节目名为《隐形的轨道》(*Invisible Rails*)，它并不以让观众发笑为目的，相反，我们的演员会即兴表演严肃的戏剧。也没人规定即兴表演必须是喜剧嘛！

听起来是不是有点装清高？的确是。是不是一听就觉得在那样的剧场里待一小时是煎熬？你说对了！最有意思的一刻是第二城德高望重的校友及老师德尔·克洛斯（Del Close）莅临现场，就在开演前灯光暗下去时，他得知即将上演的是即兴戏剧，于是他噌的一下站起来就往外跑，等舞台上灯光再亮起时，他已经跑没影了。

是新潮，还是傻？ 20 世纪 80 年代后期德尔·克洛斯回来执掌了一场演出，结果这成了他在第二城的最后一个作品。由于他地位崇高，演出设计的相关工作由克洛斯全权掌控。克洛斯雇用了他认识的一对夫妻在舞台上创作壁画作为舞台布景。让我们觉得这两人不靠谱的第一个迹象是当他们戴着防护面罩往墙上喷颜料时，他们的宝宝就睡在 3 米外的汽车座椅上，并且没戴面罩。第二个迹象是壁画揭幕那天晚上，我们看到一面墙上画着一只巨大的奶牛，另一面墙上则是一只巨型蜘蛛，它们跟演出一丝关系都没有。

越擅长，越会失败

虽然我们屡屡失败，但我们公司仍被公认为获得了巨大的成功，我们给娱乐界带来了深远的积极影响，也点亮了在我们的教室里欢笑过的上千万名学员的人生。我们深深地明白，失败并不可怕，事实上，我们应该欣然接受失败。这也就是为什么我们会花费大量时间鼓励我们的客户克服对于失败的恐惧心理，这种心理只会让许多原本极有潜力的创新者止步不前。

无论你是做什么的，迟早都会有失败的经历。政客们会失败，学生辅导员会失败，销售人员会失败，银行家会失败，足球场上的开球员会失败（有的时候会让我们输不少钱）。**事实是，如果你很擅长你的工作，就一定会失败，因为只有擅长才会勇于冒险突破自我。**经历过失败的人能证明，失败本身并没有那么糟糕，对失败的恐惧才会让人踯躅不前。它让不那么成功的人辗转反侧、难以入眠，让他们不再精益求精，做事畏首畏尾，无法尽全力为公司和同僚做贡献，也是它让人们遇到困难的任务就退缩，拒绝被提拔承担更多的责任，尽量回避老板，并且在会议上一言不发。对于失败的恐惧也会耗尽公司的创新力，而那些明白失败只是创新过程中的自然现象的公司则能收获生产力、士气、创新力的巨幅增长，因此对于公司领导来说，找到方法构建出安全的工作环境，让手下的阵容能放心大胆地做事，这才是稳赚不赔的。**但是，仅仅口头上说“失败没关系”或在墙上挂满没营养的打气口号是不够的，你得成为不惧失败的榜样。**

我们已经花了极大篇幅讨论为什么不能怀着恐惧感工作以及恐惧会如何以各种形式阻碍成功。归根结底，人们最大的恐惧还是害怕失败。那么公司怎样才能树立不惧失败的榜样呢？首先，老板们需要为员工创造低风险机会，让他们勇于进行尝试，换而言之，敢于失败。并不是所有人都喜欢冒险，但是如果你希望你的员工去追求独辟蹊径的新构想，他们需要知道每次自己向新方向迈出的那一步不会是不归路，哪怕失败他们也不会有失业的风险。把风险降低一点，再看他们会给你带来怎样的惊喜。

总部位于芝加哥的软件公司 Basecamp 就明白这个道理。Basecamp 研发的广受好评的项目管理软件也叫这个名字，他们希望营造一个适宜的工作环境，让员工能大胆地指出产品设计中的缺陷，而不用担心会被打击报复，或被认为太负能量。因此，在一次公司集体会议上，公司领导们在全体员工面前套用了名人吐槽大会的老式喜剧形式，举办了自己的“产品吐槽大会”，把正在研发的软件摆出来鼓励大家一起挑刺。如他们所说，这次活动让人很受启发。团队成员能坦然指出问题和缺陷，因为吐槽大会创造了一个安全的环境，让人们敢于畅所欲言，这本就是领导们的目的。而且，正如当年《迪恩·马丁名人吐槽大会》（*Dean Martin Celebrity Roast*）火爆时的光景一样，每个人都有机会犀利地吐槽，虽然 Basecamp 公司的人大概在吐槽时不会像那帮上节目的名人一样抽烟喝酒。虽然这些开发者、设计者和项目经理在选择软件开发这行时，从来没想过自己有朝一日会跟名人吐槽大会的常客唐·里克斯（Don Rickles）和佛斯特·布鲁克斯（Foster Brooks）干一样的事儿，但他们很感谢产品吐槽大会提供的这个有趣的机会，让他们能拿自己的小失败开玩笑，还能收集好点子以便进一步完善产品。作为 Basecamp 软件的使用者，以及把喜剧融入企业管理的支持者，我们要为 Basecamp 公司的举措喝彩！

除了为失败创造安全的空间，你还需要考虑提供一个能供员工实验并嘉奖创意性思维的平台，就像第二城的即兴表演单元那样。如果没有这个平台，好创意和好观点将无法破土而出。

因为失去实验的宝贵平台而失去竞争优势的最有代表性的例子就是地面无线电广播行业。许多年前，在地面无线广播电台的午夜档里，你能听到初出茅庐的电台主持人做一些特别有意思的节目。他们会播放新出道和非主流艺人的音乐，主持语言风格也会更加轻松、前卫、即兴。但是随着内容自动化时代的到来，各大电台都在削减成本并想方设法利用每一分每一秒广播时间赚取收益，午夜档被预先录制好的音乐节目和收费广告取而代之。从此，年轻的主持人失去了实验平台，地面无线广播电台也丧失了培养独特、有趣的新人的机会，把自己的创新优势拱手让给了后起之秀——播客和卫星电台。与地面无线广播电台相比，播客和卫星电台更能为创意节目提供低风险的尝试机会。在地面无线广播电台孜孜不倦地寻找下一个霍华德·斯特恩（Howard Stern，美国著名电台主持人）时，播客界已经涌现了一大批新潮而又有趣的主持人。马克·马龙（Marc Maron）原本是一名努力打拼的喜剧演员，后来他突发奇想，开始在自己家的车库里采访其他喜剧演员。到了2013年12月，他的播客节目WTF已经有了超过100万的下载量，他从在小喜剧俱乐部表演、一星期赚取几千美元的小演员摇身一变成了名人，不仅有了自己的电视节目，演出的地点也都是能容下500多名观众的大剧场，一星期能赚2万多美元。我们之所以知道得这么清楚，是因为我们曾经试图邀请他来我们的UP喜剧俱乐部（能容下280名观众的剧场）进行为期一星期的表演，而他的经纪人直接拒绝了我们。**归根结底，任何公司如果期望自己的人才能解决新产品的小瑕疵，就必须确保能提供一个小规模的安全平台让他们进行试验，包括尝试失败。**

此外，无论是老板还是员工都需要改变思维，需要不再把失败当作零和游戏。它真的不是。失败总会存在。的确，有的时候失败的严重程度会超出我们的承受能力，但绝大多数时候那些小失败仅仅是我们日常活动的一部分。如何让失败不再阻碍创新的脚步，而是成为工作流程中有积极促进意义的因素？最重要的就是要改变自己的心态，接受失败只是创意过程中自然的一环。

我们为什么会失败

我们认为在无所畏惧方面，第二城可以称得上是完美的典范。事实上我们经常用 6 种特别的方式失败，这些方式对从事任何职业的任何人都有借鉴意义，我们会在本章的结尾详细列举。现在，我们先来聊聊，为什么我们会失败？

为了创作而失败

即兴表演是在片刻间无中生有地创作。在第二城，我们会在观众面前即兴表演。如果你赖以谋生的手段就是即兴表演，基本上你要做的就是在一间拥挤的房间里，在几百名观众面前，把你未经打磨的作品初稿呈现出来，并靠它拿工资。更确切地说，是别人付钱给你，让观众看着你把自己的作品雏形一步步锤炼成巧妙的、意想不到的、搞笑的成品。这是个让人赏心悦目的过程。但是别搞错了，这个过程也可能会很闹心。

每当我们创作一部第二城讽刺喜剧时，我们几乎会从你能想象到的各个角度进行尝试，只是为了在 10 ～ 12 个星期内开发出最好的喜剧素材并将之打造成最好的节目。我们会不断修改角色、对白、各幕的顺序以及配乐。我们完全知道这些频繁的小修小改会给来看预演的观众带来短时间的痛苦，比如有几幕戏甚至有时候整场戏都不尽如人意，但这是为了能获得长远的收益，为了打磨出一部能上演好几个月的成功讽刺剧。

2010 年，第二城 e.t.c. 剧场推出了讽刺剧《绝对是你人生中最好的时光》（*The Absolute Best Friggin' Time of Your Life*）。在彩排和预演阶段，女演员克里斯蒂娜·安东尼（Christina Anthony）和男演员汤姆·弗拉纳根（Tom Flanigan）对一幕戏进行试验。这幕戏的情节很平常：一个白人护士和一个黑人医生发生了冲突，但它的奇巧之处在于白人护士由黑人女演员扮演，而黑人医生则由白人男演员扮演。

这个想法够大胆、够新颖吧？遗憾的是，当这一幕进行试演的时候，很明显观众并没有看懂我们的设计意图。每天晚上演员们都在即兴表演单元尝试这一幕戏，但回馈给他们的只是观众毫无反应的沉寂，以至于演完第三次之后，导演助理忍不住开口："朋友们，这可是一幕喜剧。"

有的时候，为了取得最后的成功，你必须先经历一系列失败。在上述故事里，演员们意识到他们需要让观众尽早发笑，才能让台上角色的错位为这幕戏增添笑料，而不是让观众感到茫然。于是再上台试演的时候，每次演员都会加一些搞笑的话，直至他们觉得自己已经紧紧抓住了观众的心。后来那幕叫"葡萄干"的戏成了第二城近年来最成功的讽刺剧中最让人津津乐道的一幕。

导演比利·本格罗思（Billy Bungeroth）曾说："那幕戏是由 4 个参与者创作而成的——我、汤姆、克里斯蒂娜和观众。"当团队开发新产品的时候，无论你在团队中扮演什么角色，一定要记住这一点：如果你能把观众的反馈融入创作过程中，你就已经具备了无与伦比的优势。

绝大多数公司都声称自己想要创新、想要进步、想要"挑战极限"，但是如果这意味着要经常从头再来，极少会有公司愿意这么做。至于花钱邀请顾客来观摩，把产品可能存在的缺陷暴露在顾客眼前，能做到这一点的公司简直是凤毛麟角。绝大多数公司宁愿回避困难，专注于套用从前的成功经验。当然，这是完全可以理解的，公司不能总是在新项目上孤注一掷地冒险。然而从沃尔玛到思科，从 IBM 到 Pinterest，越来越多的成功案例告诉我们，只有，或者说至少在部分产品开发过程中敢于进行颠覆性创新，公司才能发展壮大。**尤其对于老品牌而言，另辟蹊径地追求更好的表现，而不是躺在过去的功劳簿上吃老本，才是成为商界常青树的关键所在。**

一个故事，两次失败，一次大获成功

2012 年著名歌剧唱家芮妮·弗莱明（Renee Fleming）在芝加哥第二城 e.t.c. 剧场观看喜剧《天空的极限：如果天气好的话》（*Sky's the Limit: Weather Permitting*）。弗莱明女士来芝加哥是为了出任芝加哥歌剧院创意顾问。正当她津津有味地看喜剧时，突然听到了一个特别的声音——那是她自己的声音。原来是我们天才的音乐总监杰西·凯斯（Jesse Case）把弗莱明的演唱录音加进了这出喜剧配乐中。

演出结束后，当弗莱明向凯斯走过去时，凯斯心里非常忐忑，生怕她会说要起诉他。结果她说："我有个想法……"

几个星期后，第二城的一支创意制作团队与芝加哥歌剧院的团队坐下来集体研讨芝加哥这两大标志性剧团之间如何开展合作。"不可能"都不足以描述这一场景。

歌剧与喜剧有着天壤之别：优雅的歌剧演员与随性的喜剧阵容，3 563 席的歌剧院对比 300 席的喜剧场，从每一个角度来说都追求深远隆重的艺术形式与追求简洁精妙的艺术形式。但是芮妮·弗莱明的远见卓识和安东尼·弗洛伊德的敏锐直觉，加上第二城勇于尝试一切的意愿，为我们的合作打下了基础，我们打算举办一场独一无二的盛会，就叫《第二城歌剧指南》，上演一整晚歌剧式喜剧。这场演出将开创性地用原创剧目和歌曲介绍有关歌剧的方方面面的知识，从著名歌剧《尼伯龙根的指环》（*The Ring Cycle*）到大师班，再到乐池里单身乐师的孤寂人生等。

和往常的表演不同，这一次我们只有一个晚上的机会，这一晚的演出将一锤定音，决定成败。这意味着我们必须用很多个可以出错的晚上来确保这一晚不出纰漏。

第二城在芝加哥吹笛巷新成立了一家 UP 喜剧俱乐部。首演之前大概一个月，我们占用了 UP 喜剧俱乐部的一次深夜即兴表演单元进行试验。我们告诉观众，在欣赏完有剧本的喜剧表演之后，他们可以留下来看我们与芝加哥歌剧院正在合作开发的新内容。第二城创作团队的成员和歌剧院的成员都在场。后来，我们问歌剧院公关主任亚历山德拉·戴（Alexandra Day）

觉得这天晚上我们表现如何，她转述了她的同事德鲁·兰德麦瑟（Drew Landmesser）在开车回家时的评价："好吧，可能其他人会觉得还挺好笑的。"

这当然不是我们想听到的话，但是对于早已习惯了把失败当作垫脚石的第二城人来说，这只不过是成功路上的一个路标而已，它告诉我们需要走另一个方向，创作全然不同的新内容。于是，我们分析了那晚失败的原因：观众不一定全都对歌剧感兴趣；开始的时间太晚了，已经是深夜；舞台上的表演不够协调。我们也知道绝大部分的内容还远称不上达标，我们将需要删减其中的一些，重写另一些，并且继续精炼和打磨整部作品。所以，我们并不慌张。

幸运的是，我们的歌剧院合作伙伴对创作过程始终保持着开明的态度。经理安东尼·弗洛伊德在一次电视采访时说："我们丧失冒险的能力和信心的那一刻，就是艺术走向死亡的开端。"我们都知道只有为创意团队提供安全的环境，才可能让他们大胆地创作出优秀的内容，因此我们没有干涉创意团队的工作，没有更换导演，也没有召开大会严肃地指出如果演出失败将会造成多么严重的后果。我们仅仅承认了大家的共识，即目前我们的节目还有极大改善空间，然后我们让演员们、编剧们和导演尽自己的能力去改善它。

时间越发紧迫，大家也越发忙碌起来。芮妮·弗莱明邀请好友帕特里克·斯图尔特（Patrick Stewart）参与演出，也就是曾在电影《星际迷航》（*Star Trek*）中扮演让-吕克·皮卡尔舰长、在《X战警》（*X-Men*）中扮演X教授，并成功塑造了其他许多电影角色、荣获戏剧界无数最高奖项的帕特里克·斯图尔特爵士。他们二人在演出开始前一天才抵达现场，排演专为他们写的那几场戏。过往，我们也曾经历过与特邀嘉宾磨合时间有限的情况，但那是在私人演出、筹款会和晚会上，这次的风险会比较大一点。

我们来介绍一下当这两位巨星抵达芝加哥歌剧院彩排室时，我们所面临的情况吧：演出的门票早被一抢而空，工作人员甚至不得不在乐池里加上折叠椅以便容纳更多观众；媒体对演出兴趣高涨，我们在电视上做了宣传，在纸媒上被专题报道，在社交媒体上被热烈讨论（大多数博主都好奇一开始第二城和芝加哥歌剧院怎么会想到要联手的）。而这晚演出的两大巨星只有不到 24 小时来排演这出两幕讽刺剧。而且，我们召开的最后一次公开研讨会就是一场灾难。

但是，演出前发生的两件事让我们双方都燃起了或许一切都会顺利的希望。第二城演职员里有几个演员曾经在即兴莎士比亚戏剧公司工作过，这是一个才华横溢的团队，他们用喜剧的方式即兴演绎完整的莎士比亚戏剧。于是我们突然想到，除了几个星期前我们寄去的剧本，搞不好斯图尔特也会同意跟我们的阵容合作时加点即兴表演的内容呢？当斯图尔特爵士在彩排室休息时，我们的演员采访了一位他的制作助理，询问斯图尔特与日常工作相关的信息和个人喜好。仅凭着这点基本信息，演员们创作出了 10 分钟妙趣横生的即兴表演。“这都是你们刚刚编出来的？”斯图尔特爵士好奇道，“你们也太疯狂了！”然后，他同意了。这是第一件事。

第二件事发生在开门迎客前的几小时，当时我们还在抓住最后的时间努力梳理内容。闭幕音乐响起，全体演员和弗莱明、斯图尔特站成一排，歌唱居住在歌剧世界里的快乐，好听极了。弗莱明的公关总监保罗·巴特瑟尔（Paul Batsel）看完了整场彩排，他偷偷地跟伦纳德说：“这里刚上演完《波希米亚人》（*La Bohème*），剧院可以造人工雪景。干吗不把能用的资源都用上呢？”这个主意棒极了。我们赶忙跑去找导演比利·本格罗思，本格罗思微笑着转向技术部的工作人员，说：“兄弟们，我们在闭幕的时候让剧院里下点雪怎么样？”多亏了这是芝加哥歌剧院，要是演出场地是在我们位于威尔斯街的第二城剧院，我们可玩不出这种花样。

演出当晚，随着闭幕曲唱完，人造雪徐徐飘落在演员身上，观众们激动地跳起来鼓掌喝彩，掌声雷动，经久不息，我们从来都没有经历过如此热烈的认可。至少在我们第二城的人看来，这配得上弗莱明女士和斯图尔特爵士的地位。

约翰·冯·莱恩（John Von Rhein）在《芝加哥论坛报》上对这晚的盛会做了总结：“关于《第二城歌剧指南》（*The Second City Guide to the Opera*），人们首先关心的问题显然是：芝加哥享誉世界的喜剧团与同样享有盛誉的抒情歌剧团这两个八竿子打不着的剧团联手推出这么一场满足了所有人预期的演出，这事儿本身够好笑不？当然好笑了！”

最重要的是，莱恩还补充道：“由凯特·詹姆斯（Kate James）、蒂莫西·斯尼芬（Timothy Sniffen）以及音乐总监杰西·凯斯创作的剧本在演出前已经在 UP 喜剧俱乐部和其他地方进行了一系列公开试演，并经过了反复的修改。这个打磨过程告诉我们，接地气的俏皮话往往能让人捧腹大笑。在歌剧这样阳春白雪的舞台上，听到这样下里巴人的玩笑还真是不常见。”

尽管你的下一个工作任务不太可能需要你跟世界顶级男高音和巨星级演员合作，但模式是一样的：在创作完全原创的产品时，总会经历许多次失败，你首先需要做的是进行周详地计划，使这些可能的失败在真正发生时不至于把整个公司拉入险境。

失败的耻辱，尤其在商界，是如此深入人心，以至于极少有人花时间研究失败的属性。**但是，如果你能仔细分析某次失败的每个构成部分，你就能有针对性地找到解决问题的方法，并最终获得成功。**

看看你的公司，在你所从事的行业里，失败通常由哪些因素构成？如果一款新产品卖得不好，在产品设计过程以及营销计划里，哪些环节可能导致产品销售不佳？你们是否足够重视对产品本身和产品营销策略的测试？如果当初你们更积极地测试产品或者尝试其他促销手段，是否本可能吸引更多的消费者购买这款产品？

对失败进行深入了解能帮助你把失败变为优势。鉴于我们在这方面有着丰富的经验，我们归纳总结出了 6 种失败的方式。我们公司通常会选择用这 6 种方式经历失败，相信对你也能有所裨益。

6 种独到的失败方式

1. 当众失败

没人喜欢失败，如果非得失败，人们更希望能静悄悄地偷偷失败，而不是在人前出丑。研究一次次表明，人们在生活中最大的恐惧之一就是在公众场合发言，这可能是因为一想到要被别人评头论足以及一不小心就可能“社死”，他们就惶恐不已。在网络上则没有这种顾虑，网络让人可以匿名发言，也正因为如此，许多论坛变成了人们高谈阔论、大放厥词、展现尖酸刻薄的地方。而在现实世界里，无论是在工作还是在生活中，我们都可能被人轻易认出来，所以人们花大量时间刻意保持低调，害怕在人前发表任何公开言论，省得被别人翻来覆去地琢磨或者扭曲自己的意思。并不是说这些人缺乏思想、没有奉献精神或者能力低下，他们只是害怕被别人当众评判，尤其害怕被指责自己的想法不够好，恐惧心理让他们不敢表达自己。然而，他们必须克服这种恐惧，因为尽管避免失败是我们天生的本能，但它并不利于我们的成长。恐惧使得我们不敢踏出舒适圈，也就没有机会挑战自我，无法通过在逆境中涅槃重生而一步步增强自信心。

信不信由你，我们是懂得这个道理的。虽然我们每星期 7 个晚上都在舞台上从无到有地创作新作品，但和所有人一样，我们也不喜欢失败。我们只是学会了用正确的心态看待失败。同时，我们还明白，哪怕我们可能会当众出丑，我们同样有可能会当众大放异彩。我们选择笃信后一种可能，其他行业的人也应该如此。

对于害怕当众失败的人来说，或许以下的话能帮助他们克服恐惧，大胆尝试失败：的确，我们这个社会喜欢很快给人下定论，也热衷于批评失败，但奇怪的是，我们同样乐意嘉奖那些在一败涂地之后仍然有勇气跳上马背、重新征战的人。无论是总统、运动员还是流行文化明星，我们喜欢把名人捧得高高的，再一脚让他们从云端坠入尘土之中，摔得越惨越好。只有这种时候，只有当我们确认了这些公众人物也跟我们一样不过是不完美的凡人，我们才愿意给他们第二次任期、第二个机会或者让他们上电视真人秀。私营企业应该从公众对于救赎故事的迷恋中获得一点启发。当领导们明白了失败这种否极泰来的特性，下属们将不再需要小心翼翼地不求有功但求无过，也就释放了创新的生命力。

2. 共历失败

历史的长河中曾涌现无数孤独的创新者，他们顶着重重压力逆流而上，面对千夫所指也毫不退缩，在丧失了所有希望之后仍然坚韧不拔地创作出了无与伦比的美妙事物。这些故事让人热血沸腾。我们欣赏单打独斗的天才，也认同已故广告宗师大卫·奥格威（David Ogilvy）说过的话："找遍美国所有城市里的公园，你也找不到一座团队的塑像。"

但谈到即兴表演和创造新素材，我们对第二城阵容团队有着绝对的信任，本书在第 2 章里已经充分说明了理由：阵容能加速创作过程，产出更多的好素材，他们更灵活，还能促进明星的成长，最重要的是，他们构成了一张创作的安全保护网，让每个阵容成员能大胆地冒险和茁壮成长。

第二城最为郑重对待的信条之一是："永远都要照顾好你的搭档。"我们会竭尽所能地支持我们的阵容成员，不会对他们评头论足；无论在舞台上还是在舞台下，我们都会合作无间。在舞台上，你不会干站着看搭档热闹，只要能帮上忙，就绝不会让搭档出丑。在企业文化里，你需要支持你的员工，把他们当作完整的个体，而不是无关痛痒的小卒。能做到这一点的公司将培养出更有效率的员工，也能更好地留住人才。你可以用任何事体现自己的支持，包括为员工提供发展培训，拓展或补充员工特定的职业技能，也包括在员工生日时贴心地送上生日蛋糕和公开表扬个人取得的成功之类的小举动。

对于员工而言，同事之间的互相支持也同样至关重要。一旦在你的工作环境里充满了支持、信任和尊重，你就为创新做好了准备。在同事无法搞定会议的时候伸出援手，每天花 10 分钟去别的部门聊聊天，当你搞砸的时候，直言“抱歉”。我们并不需要惊天动地的大举动，有的时候恰恰是这些小支持，日积月累地在公司里汇聚成了真正的团队意识。

如果你希望鼓励自己的阵容成员挺进艰难的领域，这正是你需要构建的氛围。

我们第二城有个传统，那就是在登台表演前几秒，阵容里的每一位成员会抱一抱搭档并说：“放心，有我呢。”每一次表演前都会如此。这种口头和肢体语言再次强调：团队让个体更强大，反之亦然。在这种环境里，人们将乐意为了追求伟大的成就而不惜冒任何风险。

Twitter 前任首席执行官迪克·科斯特罗（Dick Costolo）有次在接受《彭博商业周刊》（*Bloomberg Business Week*）采访时谈到了即兴表演阵容与商业阵容的相似之处：

> 我刚到芝加哥开始即兴喜剧表演的时候，圈子里有这么两拨人：其中一群演员是文质彬彬的常春藤盟校高材生，例如毕业于达特茅斯学院（Dartmouth College）的瑞秋·德拉彻；另外一群人毕业于中西大学（Midwestern University），就跟克里斯·法利（Chris Farley）差不多，他们天天喊着：“我们要在舞台上说脏话、脱衬

衫！”这两拨人达成了一种令人着迷的平衡，创造了一种集智慧和闹剧于一体的绝妙融合体。

这正是你需要在公司里培养的融合体。一方面，有创新者，他们就像离经叛道的辍学者和梦想家。他们认为：“我需要绝对的自由来思考这个问题，我才不要跟其他人一样受条条框框的约束。”这些人倾向于从全局的角度思考解决方案。另一方面，有斯坦福大学毕业的优等生，他们纪律性强，会用数据来客观地评估自己和周围的每个人，按部就班地做事。这两种人你都需要，才能确保工作的顺利开展。

想想你自己的公司或团体面对的最大挑战吧，对于那些需要采取大胆的行动、承担一定风险的挑战，你是更愿意以集体还是以个人的形式去寻求解决方案呢？根据我们在第二城和在我们企业客户身上观察到的情况，当人们知道有许多人一起共担风险时，他们往往会更乐意贡献自己的力量。此外，他们也不会担心自己的点子会造成“失败”，因为他们确信这些失败只是暂时的，在团队成员的共同努力下，不完美的点子会日臻完善。最好的例子是我们合作多年的商业伙伴农民保险公司。我们之所以对农民保险公司怀有极大的敬意，是因为他们在打通内部沟通渠道和为员工举办培训项目方面非常乐于打破陈规。他们定期邀请我们给他们开发喜剧培训视频，以帮助理赔代表提高客服质量。但是我们的客户也不是草率地指望随便找我们来试试，然后成功与否听天由命。我们合作开发的培训项目涉及超过万人，风险很高。我们的客户明白，为了让培训更有趣、更难忘、更有效，他们必须在创意方面冒险一试，而且他们会投资于我们极具人性化的培训项目，并获得公司内部客户的充分配合和支持。所以在任何第二城和农民保险公司合作的大项目通过审核之前，我们会竭尽全力地把所有大股东请来参与创意、头脑风暴和构思研讨会。通常，要通过企业审批流程只需要不暴露自己的短处和达到基本要求就够了，而我们所做的工作远远超过了这个标准。我们与农民保险公司的股东是在构建阵容的模式下精诚合作的：在进行构思和创意作品开发时由几十个人群策群力，专注于某个项目“可能”达到的效果。

结果我们的成绩斐然，开发的项目屡获培训界大奖，不仅提高了顾客满意度，也让理赔代表们很高兴，因为他们不必忍受业内常见的枯燥的培训课的煎熬。事实上，我们的作品轻松愉快得似乎更适合在电视上播放而不是用于培训教室，而我们之所以能如此不拘一格，是因为我们与农民保险公司形成了一个紧密的阵容，我们共同进退、共同追求卓越。

当然，如果在你的公司里进行这种团队合作，你要小心地避开集体思维的风险，当人们想要达成共识时，可能会为了避免冲突而让想法变得平庸。我们当然不希望发生这种事。正如在第二城我们服从于导演的指挥，每当阵容里有不同的意见，由导演最终拍板做决定，你的公司或者部门里也需要一个最终决策者来确定哪些最有潜力的点子能被保留。阵容是为构思环节而打造的，是为了确保原创的、没被尝试过的新想法能被提出、孵化，直到最后那一刻做出决策。

3. 快速失败

天下武功，唯快不破。我们这一行也是如此。即兴表演者通常机智聪颖、头脑敏捷，他们能临场发挥侃侃而谈，也能毫无痕迹地适应变换的环境或状况。优秀的即兴表演者与路人甲的区别在于他们善于倾听，还能机智风趣地做出反应。

我们对于速度的需求也是为了保证当出现失误时（这是无法避免的），我们能迅速地进行下一个新段子，而不是强调已经发生的错误。因为我们知道之后会有时间来认真反思为什么会出错，而在那一刻，我们不能让失误扰乱我们的心境，毕竟我们的演出还没结束。在这方面，幽默是最好的救场方法。在即兴演讲单元，当某场戏演砸了，台上的演员只要能说出“哟吼，我刚嘴瓢了”之类的话，演员和观众就能对刚刚的失误一笑而过，并立刻继续接下来的节目。只需要用一个小笑话迅速地承认失败，失败的负面力量就会当即烟消云散。

在工作场合也可以这么做。有时简单随意到一场小聚会就能解决，例如，在劳累了一天后邀请大家一起出去玩儿，互相倒倒苦水、释放下压力；有时则需要复杂的规划。汤姆·约顿曾经在奥美广告公司工作，多年来他和另一位同事都会在公司的年度节日聚会上给“威胁职业生涯的危险行为”颁奖。事实上，那些行为极少能真的威胁职业生涯，但是对于许多人来说，大家一起观看公司当年发生的乱七八糟的糗事和倒霉事的“搞笑集锦”，是一种宣泄情绪的活动。最近，我们有一个客户需要录制一段会议邀请视频，拍摄进行得很不顺利，无论多么努力，他都一次又一次地出错，而且一出错，他的血压就飙升，在镜头外的用语也越来越粗俗。他那个出色的摄制团队看到了变废为宝的机会，他们把老板在拍摄时说错台词以及爆粗口的NG片段饶有兴致地剪辑到了一起，然后把这段视频留到公司聚会上与同事以及毫不知情的老板一同欣赏。没人因为制作这个NG片段集锦而被炒鱿鱼，每个人都笑掉了大牙，因为他们公司的管理层早已创造了一个良好的工作环境，不仅能接受和包容大家日常经历的失败，甚至能让人安全地拿失败开玩笑。

我们得说清楚：并不是每一次失败都值得庆祝，毕竟有时有些失败可能会造成严重的后果，会给公司、员工和顾客带来真实的伤害。我们想说的是，在任何工作环境里，不完美的人，也就是我们所有人都会犯错，如果你能对自己的不完美保持开明和健康的心态，就能收获更高的士气、更高参与度和奉献精神的员工，以及更愿意追求伟大成就、不会因为害怕出错而畏畏缩缩的团体。只有能对小失误和好心办坏事的错误一笑而过，才可能营造高效的企业文化，进而达成伟大的成就。

在我们与企业团队合作的过程中，我们发现在团队正在进行构思或者解决方案研讨时，有太多的事后诸葛亮、太多的事后批评，如果他们真能等到“事后”再分析总结，大概会更容易得到解决方案。我们不是在倡导全然舍弃批评分析或者果断决策，然而正如有的时间和场合是供你选择某个行动方案的，也就是决定做还是不做，也应该为思想的自由交流提供时间和场合，让大家得以没有心理负担地畅所欲言，不用担心每个构想够不够好。如果你能营造这样的环境，让新构想有机会生根发芽，哪怕只是一小会儿，你就可能发现某个宝贵的构想，因为许多点子不是不好，只是没有机会被提出来，只需要给它们几分钟亮相的时间，或许它们就能一鸣惊人。再不济，你也为公司里的创意人才提供了毫无心理负担自由交换思想的机会。

除了在即兴表演这一行，迅速失败的策略也存在于其他许多行业中，尤其是专注于追求发明与再创新的行业。

杰里米·杰克逊（Jeremy Jackson）是美则公司（Method）的技术总监。

他在专门讨论设计、创新和商务的博客 Co.design 上发帖写道："快速原型是迅速构建界面主要性能的过程。原型的最大好处之一就是它们能便捷地将你的想法展示给潜在终端用户和主要股东。它能把设计员脑子里的构想转化成可见的、具体的且能有效消除最初的缺陷以及调整不合适的设计设想。"

在最顶级的餐厅里，商品（食物）和过程（餐具和菜式等的摆放方式）总是在不断地被解构、重新诠释和重新设计。烹饪大师马修·鲁滨逊（Matthew Robinson）指出："在厨房里，如果我们失败，我们会迅速失败，这是为了保证创新的动力和不断进取的勇气。"

从本质上说，想要成功地迅速失败，关键在于允许你的公司和员工在创新的过程中暂时不受批评指责。

4. 失败时不加指责

这一点至关重要。如果人们觉得同事或主管在时刻盯着自己，等着自己出错时横加指责，那么没人能一身轻松地失败，也就不可能毫无顾虑地冒险。我们讨论了如何鼓励在团队内部打造"免受批评区域"，但是我们还有一条建议要给老板或经理人：躲远点儿，别插手。**只有当大家确信在免受批评区域里失败是安全的，才有可能大胆地失败，再把失败转变为成功。**

在我们第二城，一旦确定了演员和导演人选并开始彩排，除非被邀请，否则其他任何人都不会踏进那间彩排室一步。连制作人也必须征求导演的同意，才能在某一个晚上来彩排室观看节目预演。导演被赋予了绝对的权力，全权掌控整部作品；而制作人必须对导演充满信心，相信等到万事俱备的时候自己自然就能看到成品。

如果老板或经理人过早介入，整个创作过程都会受到影响。人们会紧张，会想取悦老板或经理人，会避免丢脸。老板或经理人需要明白，只要他们走进房间，整个房间里的气氛就会发生改变；只要他们开口说话，他们就会改变创作过程。毕竟，老板或经理人的意见是很有分量的，老板或经理人是最终评判者，因此，老板或经理人们必须知道何时该躲得远远的，让手下人大胆地工作。

倘若你知道一场即兴表演需要进行多少次彩排，演员和导演会为一个词、一次甩头或挑眉的时机掌控费多少心思，你肯定会大吃一惊。为了让作品的最终成品尽善尽美，我们的导演和制作人总是精益求精。但是如果我们过早地掺和到创作过程中，我们的意见和批评只会让人从快速的共同创作者变成快速的否定者，而创作团队也会就此崩溃。

正如第 1 章中讨论过的，优秀的经理明白真正的掌控力来自懂得何时该亲历亲为、何时又该消失，何时该发号施令、何时又该倾听，何时该做评判、何时又该观察，何时该坚持立场力排众议、何时又该退一步让别人来领头，还有，何时该说“是的，而且”。失败的确可以帮助人们大踏步迈向伟大的创新，但前提是不要用评判和指责打断它，而应该让它自然地出现、凋零，再化作成功的养分。

5. 信心满满地失败

第二城不擅长的事很多，多到能列出一张长长的表格来，远远比我们擅长的事要多。例如，长期战略向来都不是我们的强项，如果你能教我们怎么靠周边产品赚大钱，我们这儿真有职位等着你。别磨蹭，明天就把你的简历发给凯利·伦纳德！但是对于为数不多的我们确然擅长的事，我们能做到极致。我们被称作“喜剧界的哈佛”（其实我们觉得哈佛大学应该被称作“高校中的第二城”），我们的校友名单俨然是喜剧界和娱乐界的《名人录》。从商业收益和收到的盛赞方面来说，我们是美国当之无愧最成功的剧团。我们的名声和成功来源于我们的勇气，相比于其他艺术团体，我们更勇于冒险、勇于走出舒适圈。

当我们搞砸的时候（你肯定也听说过，这事儿经常发生），我们很快就能振作起来，因为我们坚信我们的方法、人才和经验会让我们渡过难关。我们很努力地打造了我们的企业文化，结果就是每一个第二城人都能自信满满地迎接每一次创作挑战，因为他们坚信自己一定会取得最后的成功；他们也非常乐意经历失败，因为他们亲眼见证过失败是成功之母。

每当我们接触新客户、开始了解他们的组织时，我们都会向他们介绍自己，再询问他们的相关信息，以便对他们有深入的了解，才能为他们量身定制方案。在这些时候，除了各方面的细节信息，我们往往还会深究客户的公司文化，问他们诸如下列问题：

- 你们公司的文化强调自信吗？如果是，你们的自信来自哪里？
- 当需要创新时，你的组织主要的倚仗是什么？

- 公司是否有深受职员支持和信任的创意创新文化？
- 你的组织是否曾经不得不消除某个既存的危机？还是说你们公司的业务一直以来开展得比较顺利？

这些问题有助于我们推测客户对于风险和失败的容忍度，也能让我们更好地评估如何利用我们从自己公司的失败中总结的经验来帮助他们。

6. 一点一点地失败

还记得即兴表演信奉的格言吧？“带一块砖来，而不是一座大教堂。”这句格言告诉我们，最顶尖的即兴表演者并不会把整体成型了的点子带到表演中来，相反，他们很明白，只有整个阵容通力合作才会创作出整个节目，所以每个人的责任仅仅是贡献出能推动情节发展的下一个点子或者信息。正因为如此，没有哪个演员需要一个人独自扛起创作的重任，而且既然即兴表演是由一块块“砖”搭建而成，没有哪个点子会严重到决定作品的成败，就算在创作过程中某些人的贡献不够绝妙或搞笑也没关系，最后整场戏仍然可能发展成为优秀的作品。事实上，最好的戏正是充分利用了好点子和看起来不够好的点子。

在工作和生活中，如果人们能明白他们的构想并不是等着被人评判的成品，而是通往更好构想的阶梯，还可能起到抛砖引玉的作用，那么大家就能轻松很多。如果人们能想通这个道理，他们就能认识到真正的失败是不敢做出贡献，不敢提出自己的构想。

绝大多数员工都不明白：他们的点子非常重要，并不是因为它们是精妙无比的智慧结晶，它们的重要之处在于它们能鼓励其他人源源不断地贡献出自己的点子。

人们总是错误地高估了每个点子的风险，他们认为一旦出错就需要付出沉重的代价，所以不敢出声；或者担心某个点子可能会减缓团队工作的进程甚至危害到整个组织，所以不愿出声。这种不求有功但求无过的心理往往是人们下意识的反应。的确，我们的经验让我们看过太多人因为勇于冒头而当了出头鸟，所以我们需要开始建立破除这种恶性循环的组织，向人们展示敢于冒险的正面结果。

在笑声中失败，也要笑着面对失败

最后，对于失败，我们已经养成了极为健康的态度，因为在我们的创作过程和产品中都需要倚仗它。在工作中，不完美比完美有趣多了——至少更好笑。

我们并不认为万能公式能教会所有公司败得漂亮。有的人、有的公司就是会比其他人、其他公司更能接受失败。但是我们确定，我们的方法让我们比其他艺术团体和企业客户效率更高、更敢于承担风险、更灵活地随机应变、更有乐趣，此外它还让我们更能适应这个瞬息万变的商业环境。我们目前取得的成功主要归功于我们过去经历过的许多次失败，以及着眼于创新的“积跬步”心态，而不是在创作过程中即刻要求达成完美。**尽早失败、多失败，你才更有希望达成最终目标——完美的成品。**正如丘吉尔所说：“成功绝不是终点，失败也不是终结。只有继续前进的勇气才是最重要的。”

YES,AND

即兴训练指南

1. 如果你很擅长你的工作，就一定会失败，因为只有擅长才会勇于冒险突破自我。但是，仅仅口头上说“失败没关系”或在墙上挂满没营养的打气口号是不够的，你得成为不惧失败的榜样。
2. 任何公司如果期望自己的人才能解决新产品的小瑕疵，就必须确保能提供一个小规模的安全平台让他们进行试验，包括尝试失败。
3. 如果你能仔细分析某次失败的每个构成部分，你就能有针对性地找到解决问题的方法，并最终获得成功。
4. 无论你是老板还是员工，都需要改变思维，不再把失败当作零和游戏。
5. 6 种独到的失败方式：当众失败；共历失败；快速失败；失败时不加指责；信心满满地失败；一点一点地失败。

YES,

AND

第 7 章

秘诀六：

跟随追随者，通过关注动态来领导

最高效的领导似乎从来不说“我”。

谈到即兴喜剧，不得不说起一个人——彼得·德鲁克。

第二城曾经试图专为犹太观众开发一部音乐喜剧，名字就叫《犹太百态》(*Jewsical the Musical*)，但结果并不理想。这部讽刺喜剧在几个犹太社区中心上演过，但是始终没能完全达到创作预期，也没能实现商业价值。刚开始开发这部剧时，我们有幸结识了芝加哥斯普特斯犹太人学习和领导力学院首席执行官哈尔·刘易斯。当我们打算推出《犹太百态》时，我们讨论了在斯普特斯学院进行首演和在学院开设即兴表演研讨班这两个合作事项。旁观了我们的一次研讨班后，刘易斯指出："我发现你们教的内容里有一部分跟德鲁克关于现代世界领导力的理论不谋而合。"于是我们认真研读了德鲁克的理论，刘易斯说的没错。

刘易斯所说的德鲁克就是大名鼎鼎的彼得·德鲁克。他出生于奥地利，作为管理顾问，他一直呼吁应该用全新的方式看待公司组织结构，信息时代要求层级式结构被"更为扁平"的组织结构取而代之，他还强调了"知识工作者”的重要性。德鲁克坚信公司应该把员工视为宝贵的财富，而不是累赘。同时，他重视顾客，因为没有顾客，公司也就没有存在的意义。德鲁克提出工作者需要对自己的工作环境有更多的掌控权，公司内部的团队在工作中应该享有一定的自主权。

德鲁克的理论和即兴表演的确有许多相似之处。

1.第二城最宝贵的财富正是我们的人才。
2. 在创作过程中，我们确保演员和导演享有专属空间以及全部掌控权，直至他们觉得时机成熟、主动要求我们提意见和建议。
3. 第二城演员的工作与顾客（也就是我们的观众）联系紧密，顾客积极参与我们的创作工作。

从根本上说，如果你在公司里施行以阵容为先的管理方法，你是在挑战商界对于领导力的理解。正如德鲁克所说：“领导力并不是某种个性魅力，伶牙俐齿也可以算得上是个性魅力；它也不是单纯的‘与人交好以及左右他人’，那叫阿谀奉承。领导力能让别人的眼界更为开阔、工作能力更为杰出、人格更为完善。”在你的公司里，你的职位可能更高、办公室可能更大、门上的名牌可能更气派，但是你始终只是更大组织里的一个组成部分。

德鲁克是在 1973 年提出这些理论的，然而那时候的第二城早已深谙阵容的力量、集体中个体的作用，以及传统的层级式管理模式注定会被新的管理和领导模式取代。

在那之后的第二年德鲁克写道：

在我看来，最高效的领导似乎从来不说“我”。并不是因为他们刻意训练自己不说“我”，而是他们根本不会从“我”的个人角度进行思考，他们想的总是“我们”和“团队”。他们明白自己的工作就是确保团队运作顺畅。这些领导勇于承担责任，不会打太极、回避难题，但一旦取得任何成绩，是“我们”共享荣耀。正是这样的领导才能培养出员工的信任感，才能让大家做好工作。

德鲁克在这里描述的新型商业模式也是即兴表演者早就熟悉的。德鲁克是对的，优秀的领导知道团队里不存在“我”这个个体概念，但我们并不认为高效的领导可以不费吹灰之力地把代词“我”剔除出他们的语言，他们很可能经过了很努力的练习，因为这并不容易，哪怕我们第二城领导层也花了大力气才让日常工作语言中不出现“我”——这需要刻意的训练和练习。

当我们遵从德鲁克的领导力法则，即信任阵容、“同步”工作以及抹除团队中的“我”，会发生什么呢？下面这个练习能够很好地向你展示效果。这是即兴表演之母薇奥拉·斯波林设计的练习游戏，就叫“跟随追随者”。

这个练习是这样的：一群人面向彼此坐成一圈。由一位主持人发出指令，每个人都开始发出声音和做动作。与此同时，每个人也需要模仿其他人发出的声音和做的动作。在此期间，所有参与者没有被区分为带头人和追随者，团队中的每个人都在时刻关注其他人在做什么。如果某个参与者决定摇头，整个团队都会摇头。然而，在游戏进行得顺畅的情况下，旁观者没办法判断第一个摇头的人是谁。仿佛所有人的思想融合成了一体，就像鱼群那样能够瞬间精准地预判行进中的方向转变。带头者和追随者的地位处于不断变化中。

这个练习要求专注力和倾听力。参与者必须全身心关注当下，不仅敏锐地感知对面的人在做什么，也要感知其他人甚至视野范围外的人在做什么。有时现场会乱作一团；有时整个团队配合得天衣无缝，每个人都变成了整体中不可分割的组成部分。团队往往会发展出某种协调的运动和发声模式，让它们看起来像某个机器、波浪或者暴风雨。哪怕抛开我们的社会地位，没人发号施令，我们通常也能临时拼凑出某种秩序或者方式让事情得以继续进行。

“跟随追随者”生动地体现了人们在工作中和市场环境中时刻经历的变化动态。**改变是一个常态，成功的领导明白这一点，也深知他们的责任正是对改变做出预判并为之做好准备。**然而现实世界又不是《黑客帝国》(*The Matrix*)，我们没法像影片中的尼奥等人一样帅气从容地辗转腾挪躲开子弹，那又如何才能预判并应对各种各样变化的情况呢？答案就是：当代领导者很可能具备优秀即兴表演者的品质，他们对待人接物的规则有深刻的了解，能在实际场合中因地制宜地对这些规则进行调整和运用，能对商界中同时发生的事务果断、迅速地做出反应。

我们都犯了自我设限的错

极少有公司为老板提供“工作指南”，至少我们就没有拿到过，但是前辈们的确给我们传授了一些非常有效的方法。关于如何领导第二城，安德鲁·亚历山大给我们提的最言简意赅又无比珍贵的建议是：为员工打造安全舒心的工作环境；聘用能找到的最优秀、最互补的员工；允许员工们掌控自己的工作，不要总是干涉或者打扰他们。

事实上当时他的原话是：“你们要定好基调、请对人，然后哪儿凉快哪儿待着去。”不管怎么说，我们铭记并践行了他的建议，多年来我们受益匪浅。

在第二城，老板不会列席彩排，负责监督现场节目的制作人也只有在导演表示可以接受检查时才会去观看表演。正如上一章里我们解释过的，演员和导演不会受到任何非剧组成员的打扰或者评判，他们只需要心无旁骛地做好自己的工作，也就是创作原创讽刺喜剧。其他组织也应该赋予创新团队这样的权力。在指派了某个团队制定新商业企划或为新广告活动集思广益后，领导和经理们应该定好要求，然后识趣地让出舞台。定好要求是很重要的，毕竟商机如战机，绝大多数公司都可能有无限的开发时间。所以，要预先确定好所有人都觉得可以接受的时间表和时间节点；确保团队享有所需的一切资源；在开发过程中不要时刻插手干涉，但一定要找恰当的时机现身，让团队知道只要他们有需要，随时都能获得外部支持。

因为当承担了开发原创作品的任务后，所有人都需要一些时间来发展自己的创意和构想，在这个过程里老板们绝对不能在场施压。过早地接收外部反馈或者遭受外部评判会让整个团队的创作动态发生变化，而且往往不是什么好变化。例如，人们会开始担心自己对经理的意见是否回应得当，或者开始怀疑自己是不是误解了领导的意图，心猿意马的状态将使得他们无法大胆地放飞创新激情。自然也会有合适的时机让经理和主管们参与其中，在我们公司，导演会邀请制作人于某个特定的晚上来观看正在创作中的节目，并欢迎他们提意见和建议。制作人绝不会不请自来地“突然袭击”，这确保了导演能无所顾虑地冒险尝试新素材。例如，阵容里的某个演员固执地要保留某个素材，导演明知道它注定会演砸也可能会故意允许它在台上亮相，因为演员一旦有机会亲自在观众面前看着这个素材反响平平，他们才会放下执念，客观地认识到这个素材不能保留。通过让不够好的素材在舞台上试演，导演既避免了当恶人又保持了阵容的士气和团结，因为演员们知道自己的点子得到了尊重和认真对待。此外，这样一来还能避免在演员心中留下疙瘩：如果给我机会，说不定这个素材能成功呢？不管怎么说，这个晚上是不适合邀请制作人来的。

导演的工作是在创作一流舞台作品的同时保持阵容成员间的和谐团结。创作室里的动态不停地变化，总有演员自信满满，也会有演员情绪不高。在任何一个时间点大家的情绪都可能两极转变，只有在创作室里日夜共事的人才能真正明白当时的动态。事情千头万绪，但是我们第二城才华横溢的导演们总能既敏锐察觉个体成员的需求，又顾及团队整体的工作。

“跟随追随者”练习对领导者和被领导者都有启发意义。它提醒我们要打破习以为常的“非黑即白”“顺我者昌，逆我者亡”的习惯性思维。我们生来倾向于信奉绝对论，而媒体成天宣传的政治观、社交媒体喜欢的“先做判断、再问问题”的套路也在日益强化这种思维。而事实上，如果你愿意放下先入为主的成见，你就能看到现实世界里存在的大片灰色地带。**如果说即兴表演能提高你对变化的应变能力，“跟随追随者”则是要求你实时地从其他人的视角考虑问题。**

或许你认为我们第二城完全不会出现层级式决策造成的错误决定，事实并非如此。我们也会过于草率地聘用或解雇员工；我们推出过没有半点成功希望的演出和作品；我们还一而再再而三地重蹈覆辙、反复摔进同一个坑里——这分明就是“精神错乱”的定义。

但是我们也清楚地意识到这些错误的决策都源于一个相同的原因：它们都是在脱离现实的情况下一拍脑门决定的。但愿我们都能从错误中不断学习和进步吧。最近我们在考虑改革第二城的票务和排座规则，鉴于在过去近10年中我们极少做出改动，于是我们突发奇想地打算用即兴表演的方法看看是不是有必要改革，如果要改的话又该怎么改。

长期以来，第二城的票只维持着两种价格标准，周末票价略高于工作日。排座则没有特别的规定，理论上你到得早就能挑更好的座位。然而在同一个地方工作太久的缺点之一就是你会想当然地认为公司里一切一如既往，但其实在漫长的时间里许多事情已经发生了变化，只是因为你在这里待得太久了，意识不到这些变化而已。在我们这个案例里，我们一直觉得自己是个绝对民主的演出场所，每个人出同样的票价（除了周末票价高点之外），而且只要来得早，每个人都享有同等的能抢到好座位的机会。但是现在，事情早已发生了变化。首先，我们不再只有两种票价。多年来，我们已经推出了好几种不同的票价，虽然是看同一场演出，不同的顾客可能掏的钱并不一样：如团队票、学生票、打折票、最后一刻的半价票、招待券，更不用说我们还推出了“高级座”，即可以提前预定的极少数最好的座位。我们数了数，同一个晚上的演出可能卖出11种不同的票价。而我们居然一直错误地以为自己只有一个票价，还因此打算进行票价改革，这种习惯性思维让我们颇为震惊。接下来的事更让我们瞠目结舌。

我们与芝加哥哥伦比亚学院是长期的合作伙伴。谢尔登·帕丁金曾担任戏剧系主任多年，至今仍然为第二城提供艺术咨询；安德鲁·亚历山大是校董会成员；我们和该学院合作开展了“喜剧研究”项目。第二城和芝加哥哥伦比亚学院一直在密切地互通有无，所以有一天下午，就在我们刚刚开完会讨论票价和排座问题约一小时后，菲利普·拉弗纳斯（Philippe Ravanas）来到了凯利·伦纳德的办公室。菲利普是法国人，也是一位艺术管理专家，在搬到芝加哥担任芝加哥哥伦比亚学院商务及创业管理系主任之前，曾在欧洲迪士尼和佳士得拍卖行担任领导工作。拉弗纳斯及其同事乔·波格丹（Joe Bogdan）当时正在为一本艺术杂志在第二城做案例研究。在交谈中，凯利·伦纳德把我们讨论的内容告诉了拉弗纳斯，巧的是拉弗纳斯恰好刚刚给芝加哥另一家剧院完成了这个问题的案例研究。于是拉弗纳斯答应观察我们的排座情况，并在与员工交流后给我们反馈他的观察结果。

想要大概了解第二城的排座“文化”，你只需要知道当年凯利·伦纳德接受剧院的培训成为引导员（也就是负责带观众入座的角色）的时候，他的导师是一位资深引导员，而且这位导师接待顾客的方法给他赢得了“链锯”的外号。我们必须公正地说，与那时候相比，第二城的客服工作已经大幅改善。我们的职员很棒，既友好和善，又考虑周到；经理们也使出浑身解数，为观众提供优质的节目体验。但是我们也都错误地笃信我们的剧院奉行“先到先得”的服务原则，认为我们的观众既有蓝领也有白领阶层，觉得所有人来我们这儿最重要的原因是来看表演（我们第二城的品牌就是金字招牌）。拉弗纳斯只花了几个小时进行客观的观察就告诉我们，一直以来我们深信不疑的有关我们公司的基本假设是错的。

我们是“先到先得”地给观众排座吗？我们给观众引座的时候真的完全民主吗？并非如此。首先，有一些座位是预先给一些顾客留好的，如朋友、商务伙伴或者媒体。然后，我们会给团体安排座位，把每个团队分布在不同的区域，以避免某个区域全是团体票观众。接下来，我们的经理根据自己多年来积累的丰富经验指导引导员引导个人观众就坐，例如，把高个子或者体格大的观众安排在既不会影响身边的观众，又能坐得舒服的位置。如果某个嗓门大、精力充沛的观众走进剧场，经理会妥善地把他安排在一个离舞台稍远的地方，确保他在看演出时不会因过于吵闹而打扰其他观众。军人或者军属呢？他们永远能得到好位置。

尽管我们管理层也清楚这些操作，但我们的措辞从来没有改变过，我们也没有意识到这些操作显然跟它们标榜的名字不相符。这是典型的上下级沟通不畅问题，剧院的员工知道我们的座位安排并不民主，但我们却从来没想过去问问他们。

至于我们经常提到的蓝领观众呢？拉弗纳斯笑道："你们剧院位于全国最富裕的地段之一。"并不是说蓝领阶层从来不光顾第二城，但我们绝大多数观众都是买东西不用过分操心价格的群体。剧院里绝大部分的观众是商人、教师、学生等，他们都是大都市剧场里的常见客户群体。第二城观众整体而言确实比你能在大型地区剧院看到的传统剧院观众年轻得多，但是这并不意味着蓝领更多。

真正让我们意想不到的还在后头。拉弗纳斯问我们："你们觉得大家为什么会来第二城？"我们不假思索地回答："来看晚上的演出呀！"这不是显而易见的吗？然而拉弗纳斯来看演出的时候做了个非正式的调查，问了观众这个同样的问题，下面是他们的回答：

"这是我和对象的第一次约会。"

"我们来庆祝结婚纪念日。"

"今天是我的生日。"

“我们公司为了庆祝做成一桩大生意，给我们买了票。”

“我是带外地来的朋友来的。”

“我们在匿名拍卖上赢了门票。”

没有一个人的第一反应是专程来“看演出”，那天晚上所有人来第二城的首要原因都是为了某个事件或者某段关系。

对于我们这种每天晚上都要直接与观众即兴交流的公司而言，这真是一个令人警醒的发现，这让我们认识到我们的沟通非常有限，而且在交流中我们也并不总是能向观众问出正确的问题。

如果你在工作中采纳了“跟随追随者”方法，那么你应该能避免这种失误。你会与员工交流，与经理交流，与观众交流。而且鉴于交谈内容总是处于变化中，你就不应该浅尝辄止地交流。

我们从中学到了宝贵的一课。**管理者们必须注意到自己犯的错误，这一点很重要。**在写本书的时候，我和伦纳德多次反省：“如果我们能更好地遵从我们自己提出的建议就好了。”完美不仅是不太可能达成的，它简直是不存在的。即兴表演艺术明白这个道理，但却不会阻止我们追求卓越。我们不认为会有哪本书能提供解决一切问题的真理，同时我们也相信条条大道通罗马——有许多有趣和值得一试的方法帮助我们达到目标。我们之所以对即兴表演满怀信心，部分原因正是因为它不仅承认和接受我们的不完美，同时还能提供具体的方法帮助我们修正工作中出现的失误。

在我们公司贯彻“跟随追随者”原则，还让我们获得了其他与剧院管理相关的启示，尤其是在创作过程中老板应该如何与员工互动。

保持团队的团结性和凝聚力绝对是最重要的，因此，第二城制作人只会把自己的反馈意见交给导演，而不是剧组，除非整个阵容刻意要求如此。导演会把意见进行梳理，再用最妥帖的方法传达给团队成员，确保这些意见能最大程度地给团员提供建设性帮助。

2011 年，我们上演了影响深远的讽刺喜剧《天堂的南边》（*Southside of Heaven*）。节目预演的时候，导演比利·本格罗思邀请制作人前来观看，但是先给他们打了预防针："你们不会喜欢节目开始的那段，但是我需要你们给我点时间，让我试试看能不能成功。"没错，就在节目开始的时候，房间里停电了。当然这次停电是刻意安排的，但这一举动既不搞笑又不深刻，也与整个节目的主题毫不相关，而且突如其来的尴尬让节目刚启动的势头戛然而止。但是导演有自己的计划，他并不打算不做尝试就放弃自己的构想，所以就安排了这场停电。现场很糟糕，哪怕在一片漆黑中你也能看到房间里每个人脸上的担忧：剧场工作人员的担忧在于观众一头雾水，市场主管的担忧在于看上去我们演砸了。虽然我们不能确定演员们是什么心情，但很有可能他们中的有些人早对导演的计划有疑虑，此刻只是坐实了他们的担忧。

结果这场假停电给节目制造出了导演期待的奇特效果，成了近些年里第二城舞台上创造出来的与科技相关的最天才的作品之一。当电力中断的时候，演员蒂姆·鲁滨逊（Tim Robinson）就在舞台上用舞台总监能弄到的唯一还能使用的麦克风偷偷地采访观众，询问他们什么事情会让他们感到害怕或者不自在。他们所不知道的是，这些对话都被录了下来，然后音乐总监朱莉·尼科尔斯（Julie Nicols）把这些数码录音加到了预先录制好的混音中。

几分钟后，电力“恢复”了，观众们听到舞台上响起了自己的回答。在比利·本格罗思和演员们完成了这一系列技术操作后，起初由假停电造成的尴尬一扫而空，观众们恍然大悟：原来这一切都是计划之中的。

《天堂的南边》之所以能成为当代最杰出的演出之一，大部分原因是受益于人们“跟随追随者”的意愿。在这部作品的创作过程中有大量大胆的试验，正是因为演员们对导演有信心，导演对演员们有信心，制作人对导演有信心，最重要的是，观众对第二城有信心，才成就了这部优秀的作品。

在第二场戏的结尾处也有一个例子能证明“跟随追随者”的重要作用。演员蒂姆·梅森（Tim Mason）在节目里设计了几个与现场观众即兴互动的环节，好让观众也能积极参与其中。科技让我们随时互联，也彻底改变了我们对于隐私的看法，梅森写的这场戏巧妙地对这个现实进行了描绘和思考。除此之外，这场戏也是一个生动的例子，告诉我们通过认真倾听和关注团队动态，领导能够把观察到的反馈给团队，让团队成员有机会客观地评价自己的行为举止。

在这场戏里，梅森扮演一个让人毛骨悚然的美国海关检察员。戏的开头，他坐在一张办公椅里滑过舞台，把台上的观众当作机场排队等着过安检的乘客，大声地对他们呼来喝去。这个角色大言不惭地说：

> 是的，每次你坐飞机我们都会拍一张你的裸体照片。这是为了你的安全，为了保护你，也为了让我暗爽一下。现在你可能觉得有点吓人，有点变态是不？但是，这个世界现在就是这么变态！虽然我很想在你们今天起飞前欣赏每个人的裸体，可我没那

么多时间。不过没关系，我只要看人一眼，就能知道我所有想知道的信息。

梅森走到前排的观众席，开始猜观众是从哪儿来、干什么的，当然，猜错了。他又走到另一张桌子前，猜观众的名字，这次猜得接近了，名字的首字母对上了。接着他走到第三张桌子前，这次不仅猜对了观众的名字和职业，他如数家珍地列出了这几位观众的各种私人信息：照片、录音、写过什么东西等。有的时候他甚至能说出观众那个晚上是怎么来第二城的。他的信息准确度高达100%，每次节目演到这里都让全场观众毛骨悚然。

梅森是怎么做到的呢？演出之前我们会确定前排观众的身份，在网上迅速搜索一下，我们就能基本掌握每个人的档案。这还得感谢Facebook。

上面这两个《天堂的南边》片段从两方面诠释了“跟随追随者”起到的作用。第一，作为公司，第二城需要信任创作团队并给予他们空间进行试验。记住我们的格言：有的时候，做一个好老板意味着不要插手干涉。第二，在两个例子里我们的演员创作的素材都需要与观众进行互动，之所以这戏能成功就是因为我们的观众也参与其中，或许最开头没有参与，但最终都成了演出的一部分。

跟观众聊得越多（或者用任何你能用到的方式），就能获得越多与他们有关的信息。在梅森轻而易举地利用网络进行姓名搜索并披露了毫不知情的前排观众的信息之后，他会走到舞台最左边的一桌观众面前，挖出他们更为隐私的信息，如他们的身份、晚餐吃了什么，除非梅森在演出前一直跟他们坐在一起，否则绝不可能知道得这么详细。这时候梅森掏出眼镜和帽子，观众这才如梦初醒：这就是演出前 20 分钟坐在他们身后玩儿手机的那个家伙嘛！他们所不知道的是，梅森当时并不是在玩手机，而是在记录他们说的所有话。

我们请梅森分享了他在第二城表演《天堂的南边》时最值得珍藏的回忆：

> 有个女士是个“微型编织手艺人”。那就是她的工作。她给各种项目（包括电影）编织超小的毛衣。我找到了他们在拍摄影片《鬼妈妈》（*Coraline*）时的幕后纪录片（她也在里面露了脸）。然后播放了一段这位女士在纪录片里的录音，在其中她解释了为什么那么喜欢自己的工作。那可真是个古怪的职业，我这辈子都忘不了。
>
> 有几次我找到了观众在各种场合下拍的全裸或者泳装照。我会在后台把它们打印出来，再在舞台上展示这些照片，因为这场戏的关键就是为了让观众意识到自己的荒谬之处：你们对海关检察员能看到你们的裸体感到不舒服，但事实上你们在网络上早就一丝不挂了。

有时，在第二城工作就好像是在参与一场规模巨大的社会实验。

从最简单的层面来说，《天堂的南边》试图点破美国文化中的虚伪思想：一方面哀悼自己的隐私权遭到了侵犯；另一方面却过度分享自己的日常生活，甚至连每顿吃了什么都要拍照发到网络上。但是这部讽刺喜剧真正的力量在于它让绝大部分观众乐意成为参与者。这是终极的“展示出来，不要说出来”的时刻。戏剧表演的力量事实上正是在于信息交流——在那一刻房间里的所有人都意识到“第四堵墙”被打破了，规则发生了改变。

规则的确发生了改变。在日常工作中，我们无时无刻不在被信息轰炸：销售报告、市场报告、潮流走势、商机等。随着实时信息蜂拥而来，我们不得不强化并维持实时应对这些信息的能力。这种能力就好比肌肉，训练有素的即兴表演者总是在使用着这块肌肉，用它来接受重要信息并迅速做出反应，因此他们的能力在不断加强。试想，如果你也能提高自己处理和应对信息的能力，工作将会变得多么得心应手。

学习即兴表演能帮助你练出那块肌肉。一旦成功了，你将会惊奇地发现这些训练和肌肉记忆能在各种各样的场合派上用场。例如，艾略特·马西讲过自己搞笑的亲身经历，他就是用“跟随追随者”的方法搞定了一场尴尬的演讲：

> 许多年前，我应邀去做演讲。结果发现他们把我和另一个人弄混了，我对他们想让我讲的主题一无所知。我没什么有趣的内容可讲，我压根无话可说，而现场的每个人都期望我能对那个主题详细展开讨论。于是我站起来说：“告诉我你对 ×× 最不理解的地方吧。” ×× 就是那个主题，我现在压根都不记得当时的主题是什么了，我就是这样的对它一无所知。人们纷纷开始讲述他们的困惑，我接着说：“很好，这位朋友提出了问题，谁能回答？”我就这样让整场演讲没有中断。演讲结束后，听众们为我起立鼓掌欢呼。我又收到了四份演讲邀请，都是去讲那个主题的。
>
> 我用的就是即兴表演的方法。我很诚实，我并没有不懂装懂地胡说八道。我只是把手头上的资源物尽其用了。只要你愿意，作为领导的你也完全可以调配这些资源。我先让现场不至于冷场，让听众们畅所欲言，然后把他们的发言内容变成了演讲的一部分。

如果不循序渐进地好好锻炼，想要举起约 90 千克的杠铃简直是天方夜谭；哪怕曾经能做到，如果你不持续锻炼、保持状态，也不要妄想以后一直都有如此神力。同样的道理，为了让我们的大脑持续具备处变不惊、随机应变的能力，我们也需要不断地练习它，就像我们锻炼胳膊、腿、心脏的肌肉那样。每当你即兴表演，你都在竭尽所能地倾听，在积极地与他人共情，也在随时地做出和调整自己的行为举止。换句话说，你是在对自己的大脑中让你能读懂别人心思和理解即时信息的那个部分进行微调。

没有信任，什么事都做不成

从某种意义上来说，“跟随追随者”就是为了提高我们见机行事的能力。“察言观色”这个词已经老掉牙了，如果你在网上搜索它，你会得到无数博客、帖子和管理方面的文章，它们翻来覆去地强调怎么穿着打扮才能迎合顾客的审美，如何在走进会议室之前就收集好与会者的信息，等等。但是察言观色最根本的意义在于：如果你真的把自己全身心投入当下，并使用所有的感官用心地感知周遭的一切，你将成倍地提高团队效能——在场的团队更有可能进行有意义和高效的信息交流。

无论是在主导还是参与交谈时，高效的领导都懂得如何理解肢体语言。当团队里有人懒散地瘫坐在椅子里或者开始频繁看手机，领导就知道有什么地方让团队成员觉得不舒服或者无聊了。优秀的领导不会让这种情况持续太久，他们会迅速地把成员的注意力拉回来，鼓励他们继续分享自己的想法，以便每个人都有机会表达自己的意见、积极参与交谈。用这种方式，领导让所有人都知道自己在被倾听，自己的观点得到了重视，这样一来成员才会源源不断地带来“砖头”，合力搭建更新、更大的构想。

《第二城即兴表演年历》（*The Second City Almanac of Improvisation*）一书专门有一部分列出了我们剧院多年来流传下来的众多格言。其中一句是：“情节仅限于舞台之上。”这句话的意思是，在发展情节时，不要试图涉及不在场景中的事物。正如安妮·莉贝拉写的那样：“不要说将来，尽量不要提起过去，不要把重点放在不在场的人或者动物身上，因为你将很难围绕不在现场的元素发展出一场戏来。”

凡是能提高即兴表演者舞台表现的建议同样也能用于提高领导（或者组织中的任何人）的工作能力。上面的建议就是个很好的例子。不要纠结于不在场的元素，而要把你的全部精力聚焦于你正在面对的人和事，也不要神游天外、畅想未来。要知道，尽管我们忍不住幻想另谋高就后的美好人生，但沉迷于幻想之中并不会让梦想成真，相反，它只会让我们分心，无法改善我们此刻身处其中的现实。要察言观色、读懂人的心思，你就不得不专注于当下；相应地，如果你能专注于当下，也就能更好地察言观色。

为了真正做到“跟随追随者”，我们需要放下许多成见，例如，对委员会和集体思维的不信任，但是委员会与阵容有着本质的区别。

- 委员会里等级分明，他们需要对上级负责，他们也不是由一群为了创作、创新而汇聚在一起的人才所构成的，他们需要无比慎重，所以他们秉承一动不如一静的原则。
- 阵容恰恰相反。他们同步运作，虽然团队里也有人充当领头人，如运动界有教练，研发小组有首席研究员，戏剧节目也有导演，但是成功的阵容并不会围着领头人打转，而是更关注团队本身的行动。它会关注积极参与者之间的动态，也会关注阵容所处的工作环境和条件。

最能体现“跟随追随者”原则的公司就是 Twitter，这绝非偶然，Twitter 的前任首席执行官迪克·科斯特罗居住在芝加哥期间曾经接受过即兴喜剧表演训练。

Twitter 是即兴表演的技术化身

如果你打开 Twitter 首页，首先映入眼帘的就是屏幕左上角的“追随者”（关注你的人）和“跟随对象”（你关注的人）。这个社交平台的操作特点跟我们的“跟随追随者”非常相似，就好像是直接把“跟随追随者”搬到了网上。更有趣的是，迪克·科斯特罗积极地把自己在即兴表演上的经验引入了公司管理体系中。在《彭博商业周刊》的一篇专访里，科斯特罗对布拉德·斯通（Brad Stone）说：

即兴表演的基本原则是倾听和感知、接受并配合舞台上出现的任何变化。例如，如果你开始即兴表演洗盘子，过了一会儿我走到本该是洗碗槽的地方做出开电视的动作，观众们就会觉得这个场景被破坏了。类似的，我也希望我的经理们能去倾听、了解员工的看法，并对之做出回应，而不是无视他们。经理们必须保持开明的态度，乐于倾听员工的意见。一旦经理们拒绝承认有问题存在，并且开始下意识地维护现状，所有人都会苦不堪言。

科斯特罗把即兴表演的技巧带进了 Twitter 位于旧金山的总部，将之融入管理体系，而 Twitter 的运作方式也对即兴表演有借鉴意义。从许多方面来说，Twitter 本身就是即兴表演的技术化身：它内容简短（真的非常非常简短），只有 140 个字符，这像极了贯穿第二城讽刺喜剧里的只包含一个笑话的短剧；用户互动让 Twitter 处于时刻的变化中，Twitter 上的信息（无论是正确的还是错误的）总在自我发展。Twitter 的内容没有所谓的最终版本，而是一直处于变化状态。最纯粹的即兴表演也是如此。当不被用作推动情节的工具时，即兴表演就是演员根据台上众人的举动进行演绎，台下的观众则是见证者，看着台上从无到有发展出内容来。

从这个角度上来说，Twitter 做得非常棒，所以许多喜剧演员会把它用作全新的创意平台也就不足为奇了。科林 · 奎恩会故意发一些有煽动性的推文，从粉丝的回复中找喜剧的灵感（而粉丝并不知道他说那些话时不是真的同意那些观点）。帕顿 · 奥斯瓦尔特（Patton Oswalt）利用 Twitter 从众多话题中挖掘出喜剧宝藏，他发的著名推文包括“如果你想看贵妇们表演贤良淑德岁月静好，我强烈推荐你去农贸市场。在那里你将见识到富人家的熊孩子如何被贵妇耳提面命地‘教训’。”以及“洛杉矶日落大道和卡胡恩加大道街角的 CNN 滚动新闻条就是在实时播报美国新闻业的死亡进程。”当然，Twitter 上最具有代表性的喜剧声音当属以讽刺新闻见长的《洋葱报》，它经常会发一些让人忍俊不禁的头条新闻，例如，“迈克尔 · 贝（Michael Bay）新拍的爱情喜剧讲述两场爆炸之间缠绵悱恻的爱恋”“医生说，极度的自大是这位 CEO 至今不断气的唯一原因”。

然而，Twitter 上的喜剧声音也会处于不利之地。9 岁的演员奎文赞妮·瓦利斯（Quvenzhane Wallis）获得奥斯卡提名时，《洋葱报》发了一则调侃的推文，因而被网民炮轰。吉尔伯特·戈特弗里德因为在日本遭受海啸几小时后发了搞笑的推文，因而丢了阿夫拉克萌萌鸭的配音工作。甚至第二城校友斯蒂芬·科尔伯特也曾卷入一场纠纷：当时美国喜剧中心频道（Comedy Central）的一名员工断章取义地从《科尔伯特报告》（*The Colbert Report*，一档爱挖苦人的节目）里摘出了一句话发在了 Twitter 上，由于缺乏上下文语境，这句话可以被理解为种族歧视，而事实上它原本是用来抨击种族主义的。

语境至关重要，而 Twitter 不提供任何语境。

语境的重要性在于，它能让你在任何时刻都知道你的观众是谁。在《洋葱报》引起的那场轩然大波里，他们错在忘了莫莉·艾文斯（Molly Ivins）的名言："讽刺向来是弱势群体用来对抗权贵的武器。" 而他们嘲讽的对象是个 9 岁的女童，显然找错了对手。就戈特弗里德之事而言，如果是在喜剧俱乐部里几百个熟悉他的喜剧风格的观众面前，他开的那个玩笑大概也不会让他陷入水深火热之中，但是戈特弗里德把玩笑发到了 Twitter 上，观众是几百万个对他以及他的喜剧毫无了解的网民，因而导致了全然不同的反应。

要了解你的观众。迪克·科斯特罗认为，在管理组织中最重要的是经理们一定要倾听下属的意见。在此我们希望把这条建议推进一步：也一定要倾听客户的意见，客户也是观众群体中的一部分。办公室里两个同事之间认可的好点子都未必足够成熟到可以拿出来在整个团队里讨论，更不要说呈现给客户了。

公司领导应该为员工提供一定的训练，确保他们能在各种不同的平台上有效地沟通。你的公司是否提醒过员工应该用什么样的方式在个人社交媒体上讨论自己的工作或者工作环境？你们公司负责与媒体打交道的发言人是否有定期的研讨来提高措辞技巧和统一论调？在与不同的听众交谈时应该注意不同的礼仪，如老板与老板间的谈话、老板和员工间的谈话，以及员工与顾客间的谈话等，你的公司有没有教员工这些礼仪呢？

领导力并不是简单地自上而下地施加影响，它往往涉及横向的、有时甚至会包括自下而上的沟通。“跟随追随者”为最优秀的领导者提供了一个模板，让他们有意识地关注每个层面的沟通。在你的公司，你也应该找到合适的地方进行实验、尝试失败和冒险。只有当你清楚地了解自己的观众是谁以及如何与他们沟通，你才能做到这一点。从这个角度说，“跟随追随者”其实是一种新的领导模式。

领导特质的转变

认识到层级管理模式向扁平管理模式的转变；知道什么时候该带头、什么时候该跟随、什么时候该放手；信任团队的力量；在为内部和外部沟通设置好语境的前提下与观众深入交流——这些都是领导的职责。多年来，领导扮演的角色已经发生了相当大的改变。

在蒂娜·菲写的《女老板》(*Bossypants*)一书里（这本书本身就是一本介绍如何把即兴表演技巧融入领导方法的绝佳入门读本），有一句我们最喜欢引用的话："放眼全世界也找不到哪个管理课程会推荐把‘自以为是’当作工具。"现在人们认可的领导力，首先在于放下从前的老一套做派。如果你需要命令别人尊重你，这意味着你从一开始就没有得到过他人的尊重，也无法凭借自己的上级身份下最后通牒去强求他人的敬意。

如今的领导和我们小时候在卡通片里常看到的那些叼着雪茄、端坐在王座上蛮横无礼地发号施令的老板形象有着天壤之别。当代的优秀领导能在瞬息万变的动态中游刃有余，他们善于转变自己的角色，既懂得在必要的时候让最得力的员工担纲，也会在需要的时候自己拿起掌控权。有意思的是，研究表明这些优秀的领导特质往往多出现在女性身上。

在接受调查研究的组织里，尽管在高层领导中男性占据的比例远高于女性，但在与领导力相关的 15 项指标中，女性在 12 项上获得了更高的评价。企业家和作家玛格丽特·赫弗南（Margaret Heffernan）在为哥伦比亚广播公司财经观察网站（CBS MoneyWatch）撰写的一篇文章里介绍了曾格（Zenger）博士对这项研究做出的解释：

> 在领导效能方面，女性优于男性……这主要是因为领导风格的转变。从过去“命令与控制”的领导风格，转变成了今天的多效合作模式……这正是女性所擅长的。女性是更好的倾听者，更善于建立关系，更具有合作性，根据曾格博士的观点，这些特质让她们能更好地适应现代领导的要求。

女性在哪些方面比男性得分更高呢？

- 合作与团队工作；
- 鼓舞与激励他人；
- 帮助他人进步；
- 争取变革；
- 有力与有效的沟通；
- 积极自我提升。

上述所有这些特质都可以在最优秀的即兴表演者身上看到。这是不是意味着女性整体而言比男性更适合当领导呢？我们知道有不少人可能会这么说，但是贝琪·迈尔斯（Betsy Myers）并不认同这个观点。迈尔斯是奥巴马总统竞选团队的前运营总监，也是威望极高的管理顾问，她曾与第二城传播部合作开展过几次客户关系管理项目。迈尔斯认为，我们所处的时代要求我们采取更为均衡的领导方式：

> 女性的领导方式更加强调合作。她们更倾向于倾听、把人团结到一起以及妥协。五年后，女性劳动力将成为职场主力。过去能起效果的方式，将来未必能行得通。我的意思并不是要把男性特质彻底从领导方式中清除出去，而是需要找到某种两性之间的平衡。我认为将来成功的首席执行官和领导将会遵从“是的，而且”的管理哲学。他们将不再采用老旧的“命令与控制”模式，而是用“你怎么想？”“你很重要”“你也是其中一员”这样的世界观来领导下属。这些社交方式只是从历史上来说更多为女性使用而已。

对于第二城来说，比比皆是的成功女性领导者证明了情商和所谓的“软技能”的重要性，而即兴表演恰恰能促进我们在这方面的能力，如沟通、变革、适应力、同理心和直觉。

一个领导是否能在这些特定的领域出类拔萃往往与他的领导效能有着直接的关联。如果这些特质是目标，那么即兴表演就是能帮助他们达成目标的工具。所有人，无论男女，只要能在日常生活中持续地勤加练习，都能更加有效地使用他们的软技能。

接下来我们将为你介绍一些领导力小练习。

谁是领导?

在这个练习里，一个人闭上眼睛站在中央，团队中的其他人在他周围围成一个圆圈。趁着中央的人闭着眼睛，其他人悄悄地确定一个人充当领导。团队要做的就是跟着领导慢慢地、刻意地做动作，但全程不能说话。当中央的人睁开眼睛的时候，她需要判断出谁是领导。如果能成功地找出领导，游戏就结束了。

在进行这项练习的时候我们能学到什么呢？作为领导者，为了领导他人，我们首先应该确保我们能被跟上，这要求我们的动作指示简洁明了。对于追随者而言，他们必须密切关注领导者的动向，一边留心他实时发出的动作，一边也要预见并为他的下一个动作做好准备。站在圆圈中央的那个人也将对自己的判断力有更清晰的认识，了解自己是否能迅速察觉领导力，或者当游戏中出现无政府状态时，是否能察觉领导力的缺失。如果动作流畅而精准，那么应该很好找出领导者来。

如何把从这个练习中学到的经验运用于工作呢？你的领导是那种很好跟上的类型，还是喜欢让人琢磨不透？作为下属，你是否关注了领导的需求？理想的情况下，需要记住的一点是：领导力并不存在于真空中，无论是领导者还是被领导者，所有人都需要扮演好自己的角色。

无言地排序

在这个练习里，要求你的团队按照年龄从小到大排成一列，团队成员彼此之间不能用语言交流。这并不意味着他们要完全保持沉默，他们可以通过语言之外的任何方式进行沟通，如发出噪声、肢体语言或者眼神交流。重复这项练习，换其他各种排序方法，如按照姓氏首字母顺序、入职的日期先后排序。再换更加复杂的排序方法，如让他们按照从最积极到最消极的顺序排成一列，或者按照最喜欢的乐队名字的首字母顺序列队。

当我们不能使用语言时，我们被迫寻找新的沟通方式。首先，“无声的排序”迫使每个人为了完成任务而参与其中，只有所有人都积极配合才可能完成任务。然而，它要求极度留心其他人，有时候是为了猜出他们当时想通过动作传递给你的信息；或者以“乐队名字”来说，是为了看你是否有跟那个人相关的信息能帮你做出推断。通过做这个练习（尤其是在一个已经共事一段时间的团队里做这个练习）可能会产生一些有趣的结果。对于一些人而言，这个游戏很简单，只需要依赖直觉判断；对另一些人而言，它却很难，让人无从下手。认识到哪些团队成员具备自然的沟通能力，哪些成员不具备这种能力，对于整个团队来说都大有裨益。

不是所有的练习都必须静悄悄的，下面是一个可以说话的游戏。

珍珠串

所有团队成员面朝前排成一列，队列中的第一个人和最后一个人分别被给予故事的第一句和最后一句台词。当听完第一句台词后，队列里其他人必须依次即兴地编出一句话，让故事符合逻辑地从第一句发展到最后一句。例如：

第一句：有一天，一头猎豹送了张比萨到我家门口。
最后一句：我升职了。

在队列的第一个人和最后一个人之间还有三个人，现在他们需要想办法把猎豹和升职挂上钩。为了编出符合逻辑的故事，他们不仅要考虑自己的台词是否合适，还需要让台词能接上前一个人的话以及让后一个人有话可接。例如：

第二句：我大吃一惊，于是我掏出手机来拍了张照片。
第三句：我把照片发给了我的老板。
第四句：我的老板是野生动物杂志的图片编辑，杂志恰好在做有关比萨的专题报道。

很多时候，缺乏足够的训练甚至完全没有接受过训练的人被突然推上了领导岗位。因此，我们常见到新手经理们采取刚愎自用、唯“我”是从的领导风格，在领导者和被领导之间划出深深的界线。这种领导风格导致的不幸结果就是，无论个人还是机构都对它习以为常，它也成了阻碍创新和发展的沉疴痼疾。

“跟随追随者”告诉我们有更好的方法进行领导。**经理们不需要牢牢把控下属的方方面面去达成最理想的成果；事实上恰恰相反，当经理们能了解继而运用下属的最佳构想和方案时，他们就具备了战略性的优势。**

YES,AND 即兴训练指南

1. 领导力并不是简单地自上而下地施加影响，它往往涉及横向的、有时甚至会包括自下而上的沟通。
2. 无论是你领导者还是被领导者，“跟随追随者”练习都将对你都有启发意义，它将提醒要打破习以为常的“非黑即白”“顺我者昌，逆我者亡”的习惯性思维。
3. 当你作为公司领导者时，你应该为员工提供一定的训练，确保他们能在各种不同的平台上有效地沟通。
4. 管理者们必须注意到自己犯的错误，这一点很重要。
5. 领导力练习：谁是领导；无言地排序；珍珠串。

YES,

AND

第 8 章

秘诀七：

深度倾听，做出色的聆听者

要么倾听，要么完蛋。

2004 年，英国讽刺作家托尼・亨德拉（Tony Hendra）出版了《乔神父》（*Father Joe*）。你可能在电影《摇滚万万岁》里见过亨德拉，在影片中他出演了虚构乐队“脊椎穿刺术”（Spinal Tap）的经理人。此外，在《国家讽刺周刊》（*National Lampoon*）和《间谍杂志》（*Spy Magazine*）的全盛时期，亨德拉是其重要撰稿人。他的《乔神父》一书主要回忆了自己与本笃会修士约瑟夫・瓦里罗（Joseph Warrillow）在数十年中结下的深厚友谊。

亨德拉年轻的时候在家乡，一个英格兰小村庄，与一位天主教已婚女子有一段风流韵事。奸情暴露后，亨德拉被送去当地传教士那儿“赎罪”。乔神父没有对亨德拉动粗，而是和蔼地为他提供了深具智慧的人生忠告，此后几十年里，亨德拉作为喜剧演员虽然过得放荡不羁，但他总会定期回到这里来听神父的教导。

20 世纪 70 年代初期，亨德拉开始与多名第二城校友合作，例如在《国家讽刺周刊》推出的《小旅鼠》（*Lemmings*）中的约翰・贝鲁西等。亨德拉惊诧于第二城演员们在没有剧本的情况下手到擒来的表演能力，对即兴表演产生了强烈的兴趣。他在《乔神父》里写道：

> 综合我从各个渠道得到的建议，如果我也想要达到类似的完美状态，我要做的就是“倾听”。留心倾听每个层面的所有信息，包括语言、情绪、对方的意图。完全开放自我，不要带任何成见或者先入为主的观点，只关注当下。用心倾听，然后只根据自己听到的内容做出反馈。只要做到这一点，你就不可能会出错。即兴表演不仅仅是一种娱乐手段，它是个过程，而这个过程本身就是目的，这是一种认知世界的方式，借助它才能知悉别人的本质和生活状况，才能真正了解你手头上议题的真相，因为有些事情往往你觉得自己早已了解，直到此刻才发现那其实是错觉。

这段对于即兴表演热情而又可爱的描述居然出自一位严格说来“非圈内”人之笔，这已经让我们相当吃惊了，但这本书之所以在后来被我们剧院的人争相传阅、热烈讨论，却是因为下面的这段话：

> 乔神父二十几年前不也说过几乎一模一样的话？了解其他人的唯一方法就是——倾听。倾听就是要克服你和对方之间的层层屏障，深入对方的心灵，探究那个未知的个体。

亨德拉引用了乔神父的话：

> 我们都倾听得不够，不是吗？我们只会倾听别人话里的一小部分。倾听的作用非常大，你几乎总能听到某些预料不到的东西。

最后亨德拉总结道："毫无疑问，第二城的即兴表演前辈们与'上帝之城'的乔神父，他们的观点有着惊人的相似之处。"

首先，别担心，我们不打算成立一个教派。打着"即兴培训"大旗招摇撞骗，我们可不打算凑那个热闹。但是亨德拉的确说到了点子上，借用约翰·韦恩（John Wayne）的话来说，我们全都是"听得少说得多"。任何一个当了爹妈或者有伴侣的人都懂我们在说什么。

《福布斯》专栏作家格伦·罗比斯（Glenn Lopis）说，我们获得的信息中，有 85% 来自倾听，我们会把 45% 的工作时间用于倾听，但是人类对于听到的内容只能达到 25% 的理解率。更可怕的是，格伦发现只有 2% 的专业人士曾经接受过正式的倾听技能训练。

很难想象对于这个所有人都需要具备的基本技能，我们居然如此不上心，这种疏忽在其他领域绝不会发生。例如，你能想象只有 2% 的职业棒球手进行击球练习吗？或者只有 2% 的歌剧演唱者接受专业课程并持续训练？在上述两个领域，如果不对核心技能进行持续训练，付出的代价将不只是职业生涯的失败，还会当众出丑。或许人们只有在别无选择的时候，在失败的代价过于具体和惨重的情况下，才会努力提高自己吧！

大到世界、国家，小到职场、家庭，我们的倾听都出现了问题。为什么会这样呢？因为我们不练习。因为没人教我们怎么倾听。没错，父母、老师都叫我们注意倾听，但是尽管倾听是我们学习的主要方式，却从来没有人为我们提供提高倾听技能的工具。

在我们开设的职业发展课程里，我们努力向学员们展示经营公司和即兴表演的共同之处：我们都需要与受众沟通并争取受众的认同，我们都需要创建和完善团队，我们同样会因为担心表现不佳或者被更优秀的人取代而倍感压力。我们也指出了两个领域之间的主要差异：在即兴表演这个圈子里，我们更崇尚阵容，也就是集体的力量，而不是个人的力量；在没有剧本或者计划时，我们仍然能从容不迫，至少能完成表演；此外，我们会倾听。

出色的倾听能力是优秀的即兴表演的关键所在。我们发现，当在舞台上没有剧本可循的时候，为了发展情节，演员们需要肯定并借由彼此的构想编排剧情，也就是运用“是的，而且”的方法来创作出炫酷、搞笑、机智的场景。但是要做到这一点，首先你得听到其他人的构想，你必须倾听。

如果一个演员用这句台词开场：“我从来都不知道原来潜水设备穿起来这么难受。”而他的搭档回答：“这个城市都快被柯基犬占领了。”这场戏就没法发展下去了。这时候你就知道，有人没在认真倾听，接下来大家都只能希望这场蹩脚的对手戏能自求多福了。

在第二城，我们的演员不会止步于“积极”倾听。积极倾听通过让听者换个方法复述说话者的话来确保他们理解了说话者的全部意图，因而能促进沟通的有效性。**积极倾听就是“是的”的过程，也就是接受和认可对方的构想。但这还不够，在即兴表演中要达到倾听的完美状态，你还得提供“而且”，也就是进一步发展对方的构想。**

在舞台上，你的搭档说的每一个字都是一份馈赠，是一条生命线，因为它为阵容中的其他人提供了可供发展的构想，在此基础上大家才能合力创作出搞笑、有观赏性的作品来。如果你来我们的培训中心观看新学员的处女秀，就能一目了然地看出谁的倾听技能亟需提高。毫不奇怪，这些演出里掺杂了许多混乱的场面，因为新手演员们还不懂得支持彼此，许多构想还没来得及发展就夭折在襁褓之中。这并不是因为学员们压根不在乎或者不想尝试互相配合，而是因为他们还在学习如何倾听，而一旦他们感受到压力，恐惧感就占了上风，让他们好不容易掌握到的那点倾听技巧随风而逝。出于强烈的紧张感，学员们会下意识地做出我们之前谈到过的各种被恐惧驱使的表现，如大喊大叫和不断问问题等。第二城培训中心的伟大创始人之一，已故的马丁·德·马特（Martin de Maat）发现，紧张的年轻学员往往不由自主地开启"讲故事"模式。他们不停地讲述某件事情或者某个东西，自顾自地大段独白，与舞台上的其他人或事毫无关联。基本上他们就是在讲话而不是在倾听。在你的工作中是否也有这样的人呢？

在即兴表演圈子里，我们经常用"馈赠"和"贡献"来作比喻。每当其他演员说了点什么，对于你和场景而言，这就是一份"馈赠"；如果所有人都在用心倾听，并且在别人"贡献"的基础上继续发展情节，就可能创作出优秀的节目来。在职场中也是这样，如果你总是喋喋不休地讲个不停，你就无法真正听到别人贡献的点子，你与同僚的沟通也会因此而达不到原本可以达到的效果。

为了强调这个观点的重要性，我们经常让我们的企业客户进行"谢谢你"练习。这也是个即兴表演练习：参与者两两组队，他们可以就任何话题开展谈话，但是在回应彼此的话之前，他们必须先说"谢谢你"，对搭档刚提供的信息以示感谢。这种交谈模式当然有些刻意，但是它能帮助我们意识到，在日常沟通中我们应该充分重视他人的构想。**"谢谢你"提醒我们虽然**

我们自己说的话和想法很重要，我们周围的人说的话和想法也同样重要和有价值。

为了克服唯我独尊的本能冲动，我们在培训中最早进行的练习之一叫“重复他说的话”。学员被要求先重复或者改述搭档说的话，再加上自己的台词。这就是“积极倾听”——倾听的入门课程。随着学员学时的增加，理想的情况下他们应该已经做了足够的积极倾听练习，已经能专心致志地倾听搭档所说的话，而不是急于一心二用地分神去计划自己接下来的台词。

你是否曾经见过说话者突然思维“短路”卡壳说不下去？或者你自己是否有过这种尴尬的经历？随着你越来越担心自己表现不够好而觉得不自在，你的嗓子可能开始发干，全身冒汗，一瞬间你的脑子里一片空白，所有的知识和事先的准备都消失不见了。这是因为自我意识会抑制我们有效沟通的能力。当这种情况发生时，勤加练习倾听的人能够抵抗住自我怀疑的侵袭，他们会把注意力放在眼前的构想和听众身上，而不是自己身上。这就是为什么艾略特·马西在面临能让所有演员都不寒而栗的噩梦时，也没有乱了阵脚。他选择了倾听，在一大群人等着他开讲，他却对那个话题一无所知时，他通过倾听，给了观众们想要的答案。

深度、训练有素的倾听是一种调解分歧的方式。这种技能让你关闭大脑中不断做出评价的那部分机能，继而完美流畅地与个人或群体互动。毫不夸张地说，优秀的倾听技能决定了你是会在300个人面前出丑还是创作出佳作。

每当我们在舞台上即兴表演，我们不仅仅是在倾听我们的搭档，同时也会倾听观众的建议。有的时候我们倾听错误，那就要遵从另一条即兴表演格言："把错误变成表演的灵感。"

我们一次次地见证了它在我们的舞台上起作用，结果总是相同的。常见的错误往往是简单地搞错了名字，例如，一幕戏开场了，演员甲扮演保罗，演员乙扮演斯蒂夫。演着演着，甲把乙的角色叫成了"比尔"。观众知道出错了，舞台上其他的演员也都知道出错了，除了甲，所有人都知道出错了。

乙在这个错误里看到了机会。

如果指出错误，那将一点儿也不好笑，而且会让大家出戏。一直深度倾听并全身心关注当下的乙决定把错误变成表演的一部分，于是他回答道："好吧，你是什么时候看穿我的真实身份的？"

观众们哄堂大笑，他们见证了优秀演员在舞台上变废为宝的过程，原本可能令人尴尬的场面因而变得妙趣横生。

或许可以说即兴表演者理应比一般人更擅长倾听，毕竟如果他们不善于倾听，就可能在舞台上当众出糗。当我们不倾听，我们会让观众无聊透顶，我们自己也会立马体会到后果。不善于倾听的演员还会被认定为不够格的舞台搭档，消息一旦在即兴表演圈子里传开，没人会想跟他合作。正是由于风险如此之高，干我们这行的人学会了"要么倾听，要么完蛋"的道理。

但是，在商业世界或者其他场合，不善于倾听的后果未必会这么快展现。如果你在老板咆哮的时候思想开小差，或者在配偶吐槽的时候左耳朵进右耳朵出，可能会错过一些沟通的机会，但也很可能不会被人发现，因为你往往能完美地隐藏自己走神的事实。只要偶尔点几下头，或者“嗯嗯”几声，许多人就会误以为你真的在倾听他们讲话。

然而不被人发现并不意味着就完全不用付出代价了。不认真倾听的代价是什么呢？代价就是你费了半天劲，却是在做无用功，因为你做的努力对别人来说毫无用处。

在工作上我们经常见到这一幕。有时我们聘请一位导演编排小品，等到看第一场预演的时候才发现这不是小品，导演决定要“创新”，于是排了一场喜剧或者音乐剧或者别的什么表演，可我们的观众要看的不是这个。有时候，高层管理者也会犯这样的错误。第二城的一群制片人曾经想当然地觉得观众需要观看影片《冰球小子》的现场改编版，结果却是我们求都求不来观众。有人表示过想看《指环王》《魔女嘉莉》或者《蜘蛛侠》的舞台版了吗？并没有，这些演出让我们投入的上千万美元的成本打了水漂。作为内容创作者，我们需要倾听彼此的意见才能创作出新作品；作为剧院制作人，我们需要倾听观众的需求才能确保我们创作出来的新作品是他们想看的。在商界，无数没人需要的产品此起彼伏地出现，随便举几个著名例子：

- Ben-Gay 阿司匹林；
- 大都会酸奶（Cosmopolitan Yogurt）；
- 麦当劳的招牌汉堡（Arch Deluxe）；
- 哈雷 · 戴维森香水（Harley Davidson Perfume）；
- XFL 联赛（The XFL）；
- 新可乐。

如果相关人员倾听了观众，就不会浪费这么多钱开发这些无用之物。你可能会说上述失败产品只是不符合他们品牌的一贯定位而已，但这恰恰是不倾听自己的顾客群才造成的苦果。可口可乐的顾客群曾经积极地表示不再喜欢可乐的老味道吗？麦当劳又是凭什么认定他们的顾客会希望菜单上出现更加“豪华精致”的菜式的？至于 Ben-Gay 阿司匹林，那是纯粹地、毫无理由地让人排斥。

嘴停不下来，就学不到东西

考虑到全世界范围内发生的宏观转变，你完全可以说倾听技能被推到了前所未有的重要位置。随着业务的全球化，职场也在经历着翻天覆地的变化，对于现在的人来说，不仅要提高沟通的数量，更加要改善沟通的质量。为了改善沟通质量，人们首先要做的就是提高自己的倾听技能，倾听和沟通本就是一体的。值得我们和客户高兴的是，我们发现只要通过认真练习，人们完全能够成为更好的倾听者和沟通者。倾听技能也像是一块肌肉，想要拥有它就要付出努力。为此，我们设计了各种不同的练习，不仅能让你有效提高自己的倾听能力，同时还能从中享受到乐趣。

倾听技能练习里有一个非常好的例子，叫“词语接龙”。在这个练习里，我们把参与者每两个人组成一对，让他们开始随意聊天，可以聊工作也可以聊生活，唯一的要求就是每个人发言时要用搭档上一句话末尾的那个词开头。在练习中可能听到下面这样的对话：

甲：哎，我太喜欢炎热的夏天了。我简直等不及出去大汗淋漓地跑一轮步再跳进池塘里，当然，得等结束工作。

乙：工作最近不太顺利，我总是找不着合适的方法读懂我的新老板。

甲："老板"这个职务向来都不是我的菜，我更喜欢合作而不是下命令（order 既有"命令"也有"订单"的意思）。

乙：订单在我们采购系统中总是出问题。

你大概了解了这个练习的玩法了吧。参与者的对话是不是有意义并不重要，其实如果没有意义反而更有趣。像"词语接龙"这样的练习能充分提醒我们，在与同事日常交流时我们是多么的漫不经心。然而在做这个练习时，为了顺利地接龙，参与者必须从头到尾认真倾听对方说的话，他们不可能话听到一半就神游天外还能成功地接下话头。无论是在工作中还是在生活中，我们中的许多人并不习惯于从头到尾倾听他人，我们经常中途思想开小差，或者在对方说完之前脑子里就在飞速规划该怎么回答或反驳。在著名的《高效能人士的七个习惯》（*Seven Habits for Highly Effective People*）一书中，管理大师史蒂芬·柯维（Stephen Covey）区分了两种不同的倾听，即"为了理解而倾听"和"为了回应而倾听"。在任何场合，如果不从头到尾听完别人的话，可能会导致两种后果。首先，我们可能会因为走神而没理解对方的话，因而回应得风马牛不相及。更糟糕的情况是，我们可能会说出跟对方用意完全矛盾的话来，仅仅是因为我们没听完他的话。这时候我们会发现与对方站在了对立面，尽管事实上我们并不是真的反对对方，而是因为我们在开口前没有耐心把对方的话听完全。政治顾问贝琪·迈尔斯时刻谨记着在即兴表演中学到的经验，故而可以一直保持乐观主义，哪怕如今的政治气候原本可能把她逼成最愤世嫉俗的那类人。她坚信："如果你倾听，如果你能认真地倾听，你将发现和那些你本以为与你意见相左的人交流起来是多么容易，这就是即兴表演给你带来的自由。”

在与成千上万企业客户开展过研讨会之后，我们可以肯定地说，商界人士习惯性地倾向于做回应者，而不是大方、有同理心的倾听者。造成这一现象的部分原因显然是因为他们下意识地想要把控交谈的走向——在生意场上这似乎是一种条件反射。然而有趣的是，这个习惯其实会造成相反的效果，尤其当你的目的就是争取掌控权时。**根据我们的经验，反而是大方的沟通者和具有同理心的倾听者最终会获得最高地位。**他们总能给人留下更加自信的印象，因为无论听到什么，他们都有信心能给出得体、有用的回复。绝大多数商界人士对于做出“正确”回应的执念是如此强烈以至于他们错过了眼前谈话的重点。如果会议中有两个以上这样的人，他们彼此之间驴唇不对马嘴的对话、你争我夺抢占掌控权的闹剧，只会让他们看起来像毫无分量可言的小丑。

“词语接龙”不仅教会我们更完整地倾听他人的言语，也向我们展示了我们可以多么大方和“为他人着想”。在做这个练习的时候，那些总用疑问句或者总用介词结尾的人让游戏搭档很难接上话，例如：

> “我很努力地推销我的构想，但我不确定他的立场所在。”
> “你是怎么想的呢？”

对于搭档来说，这两句话不是完全没可能接上，但是确实很难。有的人是故意这么做的，因为他们渴望掌控对话。许多人则是无心的，他们仅仅是不够专心，不够为搭档考虑或者不够注意自己的言语。我们发现大方的沟通者和倾听者对这些细节非常关注，他们会尽最大的努力让搭档轻松接龙，这是因为他们的目的不是为难搭档，而是帮助对方成功。

为了理解而听 vs. 为了回应而听

即兴表演高度依赖于语言交流，但是语言只是众多交流方式中的一种而已。通常，光靠语言并不足以表达说话者的真实意图。我们说话时的语调或者方式也会向倾听者传达许多言外之意，此外还有交谈中我们用到的肢体语言，也是交流的另一个途径。心理学家保罗·艾克曼（Paul Ekman）与他人共同提出了“微表情”概念。所谓微表情，指的是当人们在掩饰自己的真实情感时，故意或者无意中流露出来的一瞬即逝的表情。艾克曼的研究团队辨别出7种普遍存在的微表情：愤怒、恐惧、悲伤、厌恶、鄙视、惊诧和快乐。要识别这些微表情可不容易，它们持续的时间极其短暂，往往只以微秒计算，但是善于解读面部表情的人能察觉我们说的话与我们的真实情感之间存在的巨大鸿沟。喜剧的基本搞笑手段之一就是把表面言语和潜台词自如转换，它能带来无数笑料。

在2000年的讽刺喜剧《宁愿迟到也不要纳德到》（*Better Late Than Nader*）中，安迪·科布和黛布拉·唐宁（Debra Downing）表演了一幕“恋人蜜语攻略”，他们扮演的角色把情侣间对话中的潜台词直接用语言总结描述了出来：

科布：对方要是开随意的玩笑。

唐宁：我就配合絮叨，絮叨，絮叨。

科布：对方要是开只有两人知道的玩笑。

唐宁：我就礼貌地大笑，敷衍地回应两句。

科布：对方如果聊运动。

唐宁：鬼知道怎么接话。

科布：如果说了粗俗的黄段子。

两人陷入尴尬的沉默。

科布：如果对方鼓起勇气表明今晚约会的目的。

两人保持目光交流，深情对视，一直柔情似水地盯着对方的眼睛。

科布：如果对方夸你好看。

唐宁：那就含羞带怯地“哪里哪里”呗。

对于即兴表演者而言，除了要听懂说话的内容，还要听懂说话者的真正意图，这是一种至关重要的能力，也是许多笑料的来源，如阿博特和科斯特洛（Abbot & Costello）的著名节目《谁在第一垒？》（*Who's on First*？），以及尼科尔斯和梅（Nicols & May）几乎所有的即兴表演片段。除了喜剧目的，有同理心的倾听能力能够让你更容易接近真相。当你除了能听明白别人在说什么，还能理解他们的情绪时，你就能够洞悉他们的心理，从而拓宽交流的可能性。用艾克曼博士的术语来说，这叫作“认知同理心”，根据《情商》（*Emotional Intelligence*）一书的作者丹尼尔·戈尔曼（Daniel Goleman）的解释，它指的是“了解对方的情绪以及他们可能的想法。有时它被称为‘换位思考’，这种同理心能在诸如谈判或者激励他人等场合派上大用场”。

我们为企业客户提供各种各样的练习，帮助他们明白听懂言外之意的重要性，继而利用这种倾听技能改善对内和对外沟通，在推销产品时更快地赢得客户的青睐，或者让研发过程更加顺畅高效。

一家广告公司曾经找我们培训他们的客户经理和创意总监。这家公司不仅仅希望能提高团队开发新客户的能力，同时还希望能留住已有的老客户。他们发现他们的团队因为错误地解读了老客户的信息而丢了生意，流失了客户。有时不满意的客户并不会直白地告诉你他们不高兴，因此，最好是在客户流失之前察觉到这些迹象。

我们让客户经理珍妮和蒂姆以及创意总监奈特进行了一组名为“先触碰再开口，先对视再发言”的练习。这个练习要求参与者与搭档进行肢体或者目光交流后才能讲话。才过了几分钟，这项简单的练习就让珍、蒂姆和奈特习惯了在语言沟通之前先进行特别的肢体交流。重复几次之后，它让三人形成了全力关注他人的基本需求，此外他们也都体会到了当被别人全力关注的时候那种感觉有多么强烈。

接下来我们进行了“火星语”游戏。珍妮和蒂姆用瞎编的词语和声音说话，奈特则负责向房间里的其他人“翻译”他们的对话。刚开始的时候，奈特试着拿他俩之间的火星语开玩笑，我们由着他去了，但在第一轮过后（奈特确实引得众人笑声不断），我们让奈特再试一次。这次他不能开玩笑了，我们要求他认真“倾听”珍妮和蒂姆的火星语，强迫他不仅要更认真地关注听到的那些乱七八糟的声音，还需要留意说话者的肢体语言。同时，珍妮和蒂姆也被要求试着用火星语沟通某种信息。

房间里的气氛陡然一变。奈特一边聚精会神地关注珍妮和蒂姆，一边开始解说他们想传达的信息。珍妮的声音听起来有些发抖，她的身体也在微微颤抖。“我好冷，我要加件外套，要不然你就得把温度调高点”奈特翻译道。珍妮笑了，因为奈特说对了。蒂姆想表达的信息更难理解，他昂首挺胸，摆出了一副高高在上的气势。最后奈特猜对了：“我是老板，我说了算。来人啊，给我上杯咖啡！”房间里爆发出一阵心领神会的大笑，蒂姆刚才是在描绘他们公司的总裁。奈特“听懂了”火星语中隐藏的真正信息，其他人也跟着乐了一把。

通过重复这些练习以及体会倾听意图的经验，这个广告团队明白了，如果要更有效地评估自己与客户之间的关系，他们不仅需要关注客户的语言，还需要听懂对方的言外之意。客户渴望被听到，但他们并不总是选择用更加直白的语言艺术来表达自己。有了这一层认识，团队才能提高客户保持率，以及更顺利地开发新客户。

保罗·艾克曼博士写道：“提高理解他人情绪的能力将会让你与对方的亲密关系和相互理解更进一步。研究表明，善于察觉微表情的人往往更受同事的欢迎。”他的理论与即兴表演的基本元素恰好吻合，这绝非偶然，因为20世纪50年代的时候他跟迈克·尼科尔斯和伊莲·梅都就读于芝加哥大学，当时他们与希尔斯一起反复练习他的母亲薇奥拉·斯波林设计的即兴剧场游戏，而希尔斯正是第二城最早的艺术总监。

经历过即兴表演培训的倾听者会是更富有成效的倾听者，因为他们每次谈话的时候都怀着“他山之石可以攻玉”的心理，随时准备协力帮助对方把构想发展到更加完善。这并不意味着他们性格软弱或者缺乏表明自己立场的能力，而是他们更懂得立足于他人的构想，借助别人的主张来奠定和改善自己的主张。这与唯唯诺诺地顺从其他人的意见有本质的不同。

在各种各样的交流场合，如在商务拜访时，在每个人持有不同意见的创意会议上，在一对一员工谈话时，我们的倾听方式将从根本上决定我们的成败。如果我们不能全身心地投入倾听，就无法达到我们的最佳状态，对于任何想要获得成功的人来说，这显然不是明智之举。

我们制作的“真实商业短片”系列，最成功的视频之一就是痛快淋漓地讽刺了典型的电话会议。那个视频以芭蕾舞的形式表演喜剧，嘲讽的对象是我们对其他人充耳不闻的现象。在其中，一个参会者一边开车一边打电话，而且他一直在车水马龙里穿梭，你听得到街上此起彼伏的喇叭声；另一个参会者电话信号极差，致使她的声音听起来就像动画片《史努比》里那个在一堆嘈杂的电流噪声背景里说话的老师。总有人在打断其他人的发言，因为他们所有人都不确定为什么要开这个电话会议。这个视频之所以搞笑恰恰是因为它是现实的真实写照，对不对？

我们经常讨论在即兴表演中哪条原则最为重要，通常每个人看法都不一样，在不同的情况下也有不一样的答案。但是如果足够多的人能借助即兴表演技巧成为更好的倾听者，我们或许就能够改变世界。如果更多的人能带有同理心地倾听他人，或许就会少些误解、少些冲突。如果在我们的教育中更强调倾听的重要性，可能我们培养出来的学生就会本能地更加关心他人的感受和想法。试想如果大多数人都能积极地、刻意地、专业地互相倾听，情况将会怎样？那将是我们渴望生活其中的世界。

YES,AND

即兴训练指南

1. 出色的倾听能力是优秀的即兴表演的关键所在。
2. 积极倾听就是“是的”的过程，也就是接受和认可对方的构想。但这还不够，在即兴表演中要达到倾听的完美状态，你还得提供“而且”，也就是进一步发展对方的构想。
3. 商界人士习惯性地倾向于做回应者，而不是大方、有同理心的倾听者。然而有趣的是，这个习惯其实会造成相反的效果，尤其当你的目的就是争取掌控权时。根据经验，反而是大方的沟通者和具有同理心的倾听者最终会获得最高地位。

YES,

AND

结语

用即兴表演技能探索未知的未来

在我们正在经历的这场时代变革中，没有什么是绝对的真理。但是，你没有必要害怕，因为你有即兴表演这个完美的工具来帮助你在未知的海域乘风破浪。

“即兴表演技能在工作中派得上用场，在家庭里也用得着。我知道许多人对即兴表演感兴趣是出于商业原因，但对于我而言，主要的原因是因为它能让你的生活变得更加美好、更加丰富多彩、更加有趣。”畅销书《点球成金》和《高频交易员》（*Flash Boys*）的作者迈克尔·刘易斯如是说。

归根结底，即兴表演就是用你的慧眼去发现、去创造。你两手空空地走上舞台或者走进房间，而当你转身离开的时候，你已经创造了某种东西。这个“东西”的质量取决于多种因素，但总的来说还是在于你和你的团队对手头上的任务花了多少心思。

在第二城，我们有幸目睹和记录了半个世纪以来演员们的创意行为。无论是在舞台上还是在教室里，我们在无数种情况下测试了我们的原则，运用了我们的技巧。我们得到的结论是，没有确定的道路，没有一种方法，也没有从 A 点到 B 点的直线能让你出色地胜任你的工作，变得更具有创造性和合作性或者成为更优秀的沟通者。但是无论你最终选择哪条道路，我们都能为你提供工具，让你的路走得更顺利些。

写这本书本就是一次即兴之举，我们也从中收获了许多新发现。就在我们研究即兴表演对于领导力培养的作用时，我们偶然读到了马尔科姆·诺尔斯（Malcolm Knowles）提出的领导力八原则，其中的第四条尤其让我们感兴趣："有创造性的领导高度重视个性。**他们明白，在工作中，当人们以自己独特的长处、兴趣、天赋和目标为出发点，而不是试图符合某种强加于他们的刻板印象或者履行被严格规定好了的工作职责时，他们往往有更出色的表现。**"

这条原则唤醒了我们的一段回忆。在写作本章时，我们正在为第二城校友哈罗德·雷米斯的去世而悲哀。雷米斯生前是一位高产的演员、作家和导演，他参与过的著名作品包括《动物屋》（*Animal House*）、《捉鬼敢死队》（*Ghostbusters*）、《条纹布》（*Stripes*）、《疯狂高尔夫》（*Caddyshack*，别名《小小球童》）以及《土拨鼠之日》（*Groundhog Day*）等。雷米斯深受我们的爱戴，是备受第二城人敬重的导师。在整理多年来雷米斯在各个研讨会上的讲话录影时，我们看到了 1999 年 12 月他说的这段话：

> 绝大多数人认为导演的职责是控制，然而在第二城，导演的功能更倾向于促成——导演是一个促成者，职责是允许演员们自由尝试，并帮助他们辨识出自己的最佳表现，而不是告诉他们该怎么表演或者把自己对节目的理解强加给他们。传统上，我们认为导演会拿到一份素材，自己先对素材进行解读，再找合适的演员来实现他对作品的构想。但是在第二城我们不会这样做。我们的演员们随时都在迸发新灵感，你要做的是帮助他们抓住最好的那些灵感，让它

们成型，或许还能看到演员们自己没有意识到的构想之间的关联，然后再将之加以打磨。

诺尔斯和雷米斯说的是同一件事：领导力在于打造出一个强大的阵容，每个成员各自发挥出自己的长处，尽管大家都有弱点，但是整个团队仍然相互扶持。

如果我们想在创新界占有一席之地，我们就必须洗去失败的污名。我们剧院的建立者们早在 1959 年就明白了这个道理，从而为第二城成为美国历史上最成功的剧院之一铺平了道路。值得一提的是，我们这个剧院的主要业务就是原创作品。

在本书的写作过程中，我和伦纳德花费了大量时间在彼此的办公室里忐忑地讨论一个问题：在这本书里我们会不会有什么纰漏？我们当然希望不会出纰漏，但是这些讨论为我们解释了另一个真相：我们不能因为担心出错就踯躅不前。我们都会出错，经常出错，我们也会忘记即兴表演的原则，我们也会拒人于千里之外，也会在该倾听的时候心不在焉，也会脱口而出“不行，但是”而不是“是的，而且”。

但是重要的是：我们会反思我们犯的这些错误，我们会诚恳地道歉，而且我们会努力做得更好。

在我们正在经历的这场时代革命中，没有什么是绝对的真理。世界在变化、在加速发展，对我们的要求也越来越高。无论你是选择在变革和创新的浪潮中顺势而动还是掀起自己的浪潮，要跟上时代的脚步都绝非易事。但是，你没有必要害怕，因为你有即兴表演这个完美的工具来帮助你在未知的海域里乘风破浪。

最后的清单

我们的工作或许很酷，但它们终归只是工作。在我们的职业生涯中，我们既见过出色完成的工作，也见过糟糕透顶的表现。几年前我们列了一份清单，并把它张贴在了每间办公室墙上。现在我们打算把这些建议交给你，虽然它们诞生于即兴表演剧院，但是我们认为它们对任何想要提高自己的人来说都很适用。

- 当你和别人见面时，直视他们的眼睛。
- 保持微笑。
- 当别人说话时，不要玩手机。
- 要有好奇心。
- 尝试一整天不说“不”。
- 当你犯错的时候，承认错误，表示歉意，并且继续勇往直前。
- 原谅自己也原谅他人。
- 用你希望被领导的方式来领导他人。
- 不要当混蛋，也不必容忍混蛋。
- 要准时。
- 充分准备。
- 问问自己：你要解决的问题是什么？

- 让你的搭档有面子。
- 尊重，但不敬畏。
- 倾听他人的方方面面——除了他们说的话，还有他们的弦外之音。
- 读懂场合和气氛。
- 不要把交谈变成独白，给别人说话的机会。
- 热爱你的工作。
- 为他人喝彩。
- 只要可能，尽量说“我们”而不是“我”。
- 不要总坚信自己是对的，接受你也可能犯错的事实。
- 打开心门。
- 试着不带恐惧地工作，心怀无限的可能去奋斗。
- 了解你正在努力争取的观众，与他们分享舞台。
- 培养自己即兴表演的技能。

应付各种状况的 17 种即兴练习

1. 登场（Exposure）

游戏流程： 把参与者分成两组，两组人各排成一排，两排之间相隔大约 3 米。让两组人面对面站着，相互注视着彼此，一直到参与者明显表现出局促不安，再让他们看向房间里别的地方并完成某个数数任务（如数墙上的砖块、天花板上的吊顶方格等）。这时候参与者的不安感将会消失，转而专注地完成手头上的任务。

游戏重点： 让参与者明白专注会帮助他们不再沉浸于恐惧之中。

游戏开场词： 请大家站成两排，两排人面对面，两排之间保持 3 米的距离。现在，我希望这排的学员看着那排的学员，那排的学员也请看着这排的学员，只要看着就行。（等他们互相对视几分钟后）好的，大家做得很棒！现在请大家数数天花板上有多少块吊顶方格（或者其他任务）。

2. 单词故事接龙（Word At A Time）

游戏流程： 让 6 ～ 10 名参与者围拢成一个圈，让他们编一个原创的故事。每个人每次只能往故事里加一个词。这个练习持续几分钟，参与者编出来的故事会充满爆笑和出人意料的转折。

游戏重点： 让参与者习惯“是的，而且”思维。所有参与者都需要肯定前人创作的情节，并在此基础上用自己独特的方式推动故事的发展，最终共同创作出一个远比他们独力编造的故事精彩得多的作品。

游戏开场词： 让我们围成一个圆圈。（随机指向圈中的一个参与者）先从你开始。你来给故事起个头，只能说一个词，接着我们按照顺时针的方向轮流发言，每个人每次只能往故事里加入一个词。

3. 不要说“我”（Talk Without I）

游戏流程： 参与者每两个人组成一组，让他们聊天，谈论任何话题都可以，但是在交谈中不能使用“我”这个字。游戏结束后，组织学员讨论成功完成这个练习的诀窍，以及这个练习对于分享构想或者评估他人的建议有什么帮助。

游戏重点： 加强学员的阵容意识，帮助他们把注意力集中在不说“我”上而不是与工作相关的谈话内容上，否则将会达不到该游戏的练习目的。

4. 镜子练习（Mirror Exercise）

游戏流程： 把参与者两两组对，让每对成员面对面。指定一个人作为主导者，由他做肢体或者面部小动作，另一个人跟着做相同的动作——他的任务是像镜子一样如实反映前者的动作或者表情。然后两人交换角色。最后，看他们能否在没有指定的主导者时仍然会互相模仿。

游戏重点： 打造阵容。这个练习让参与者有机会体会到把所有注意力放在搭档身上会是什么感觉。

游戏开场词： 面向搭档，站好，放松。首先，我希望由你（随机指向一个参与者）先来做些小动作，你的搭档将扮演镜子里的你，模仿你的每一个动作。

5. 付出与接受（The Give and Tak）

游戏流程： 让所有成员分散在房间里站好。先指定一个参与者利用简单的肢体语言，如盯着别人的眼睛、指向某人或者拍某人的肩膀等，示意自己把关注点放在了某个成员身上。接着要求他们用同样的方式，如站在别人面前、站在别人身边招手等，来博取关注。最后，要求所有参与者同时完成这几个任务：关注他人、博取关注、再对对方还以关注。

游戏重点： 阵容合作。在理想的情况下，团队里的所有成员将会熟练地平衡付出关注与博取关注之间的关系，这既能让头脑风暴会议变得更有成果，也能让战略会议气氛更轻松。

6. 化零为整（Parts of a Whole）

游戏流程： 让所有成员分散在房间里站好，随便给他们一个物件的名称，如某个动物、卡车、打印机等，让他们摆出这个物件的形态来。每个成员需要用自己的身体构成这个物件的某个部分，再和其他人一起组合出整体。接着，再给他们一个稍微复杂一点的词，如在杂货店里购物的顾客、水族馆等。

游戏重点： 阵容合作。这个练习强调的是，在我们进行团队工作的时候，如果想要取得最大的成功，每个人都必须愿意放下掌控全局的欲望，转而扮演好自己的角色。

7. 收回那句话（Take That Back）

游戏流程： 参与者根据培训师给的指令即兴创作一幕戏。主持人任何时候都可以按铃打断，这时候正在说话的参与者必须把自己说的最后一句话或者短语用别的话替换掉，并接着演下去。

游戏重点： 激发参与者随机应变的能力，让他们无法预先计划或者准备自己的台词。

游戏开场词： 你们有没有说过让自己后悔的话？是不是很希望能收回那句话？在接下来这幕戏里，表演者可以实现这个愿望。每当我按铃，演员们必须用别的词或者短语替换自己刚说的最后一个词或者短语，例如：

演员甲可以说“我有一条狗。”

（按铃）

演员甲可以说“我有一只猫。”

（按铃）

演员甲可以说“我有一身疹子。”

再继续演下去。现在我们准备开始……

游戏变体： 也可以不用铃铛作为道具，主持人可以简单地喊一声“收回那句话！”或者“换个新词！”，主持人偶尔还可以要求演员替换某种行为而不是词语，如“换个口音！”或者“换个舞蹈动作！”。

8. 谢谢你，雕像（Thank You Statues）

游戏流程： 让所有参与者围成一个大圆圈。请出一位志愿者走到圆圈中央，让他摆出某个姿势，任何姿势都可以。摆好后，另一名参与者走到圆圈中央，轻拍第一位参与者的肩膀，示意他可以回到圆圈中去，然后刚走到中央的这名参与者摆出自己的姿势。第一个人要说“谢谢”再走回圆圈中自己原有的位置上。进行几个回合之后，要求参与者加快速度，让游戏进程更快一点。最后，要求所有人不再把圆圈中央的人替换下场，而是一个个走到圆圈中央，以先上场的人已经摆出的姿势为基础，摆出自己的姿势，大家合作摆出某个雕像。等到只剩下两个人还没上场的时候，请他们为场中的雕像取名字。

游戏重点： 共同创造。这个练习帮助参与者提高合作能力，让他们能不惧同伴 / 同事的看法大胆地表达自己的想法。完成游戏的关键在于所有团队成员认可和互相支持彼此的构想，而不是只顾着坚持自己的想法。

9. 情绪选择（Emotional Option “Emo Op”）

游戏流程： 把所有参与者两两分组，让每组人随意交谈。在交谈过程中，培训师随时可能喊出各种情绪，每组参与者必须以培训师喊出的那种情绪继续交谈。

游戏重点： 共同创造。这个练习教会学员更好地应对变化以及更有效率地与同伴进行沟通。

10. 跟随追随者（Follow the Follower）

游戏流程： 请所有参与者围坐成一个圆圈。培训师给出指令，每个参与者都要开始发出声音或者做动作。与此同时，他们也必须模仿其他参与者发出的声音和做出的动作。

游戏重点： 阵容领导力。这个练习帮助所有人意识到只有对其他团队成员也给予足够的关注，整个团队才能真正成为一个共同进退、合作无间的整体。

11. 谁是领导？（Who's the Leader）

游戏流程： 请所有参与者站成一个圈，请其中一名成员站到圆圈中央来，并要求他闭上眼睛。其余成员静悄悄地选定一个人当领导者，大家都要缓慢、安静地模仿领导的肢体语言或者动作。站在圆圈中央的成员睁开眼睛，试着判断谁是领导。

游戏重点： 领导力，观察力。

12. 无言地排序（Silent Organization）

游戏流程： 让所有参与者按照年龄从大到小排成一列，他们可以互相沟通，但是不能说话，只能借助眼神、噪声、肢体语言等交流。接下来可以让他们按照更复杂的排列原则进行游戏。

游戏重点： 领导力。这个练习有助于教会参与者进行更深入、更有效的沟通和观察，尤其是在组织一群人完成某项任务的时候。

13. 珍珠串（String of Pearls）

游戏流程： 让所有人面朝前排成一列。按照从前至后的顺序，培训师给第一个参与者故事中的第一句台词，再给最后一个参与者故事中的最后一句台词。第一个人先发言，说出第一句台词，其余的人轮流根据前人的台词即兴说出一句话接龙，直到最后一个人说出最后一句台词。这个游戏的关键在于所有即兴创作的成员都需要尽力让自己的台词既能跟前面成员的话有关联，又能跟已知的最后一句台词挂上钩，以便整个故事能有逻辑性。

游戏重点： 倾听。这个练习能极好地训练参与者在发言之前更聚精会神地倾听他人说的话，同时更仔细地考虑其他人想表达的意思。

14. 重复他说的话（Repetition）

游戏流程： 让参与者两两组对，每对成员面对面站着或者坐着。要求他们开始聊天，每次每人只能说一句话。第一个人先说一句话（随便说什么都可以），第二个人在接话之前必须先重复第一个人刚说的那句话。整个对话都以这种模式进行。

游戏重点： 倾听。这个练习帮助人们学会聚精会神地从头到尾听完对方的话，然后再构思和表达自己的观点。

游戏开场词： 培训师："学员甲，请先跟学员乙随便说一句话。"

学员甲："这个新老板真会穿搭。"

学员乙："这个新老板真会穿搭。跟她比起来，我这身睡衣牛仔裤真是相形见绌。"

15. 词语接龙（Last Word Reponses）

游戏流程： 让参与者两两搭对。跟"重复他说的话"一样，让每对成员随意聊天，每次只能说一句话。但是，这次他们在发言时不需要重复对方说的那句话，只需要用对方说的最后一个词作为自己句子的开头。

游戏重点： 倾听。这种练习能很好地揭示在与同事的日常交谈中我们多么容易心不在焉。

游戏开场词： 培训师："学员甲，请先跟学员乙随便说一句话。"
学员甲："无论怎么努力，我总是搞不定数学考试。"
学员乙："考试嘛，你要是愿意的话，下次我跟你一起复习。"

16. 先触碰再开口，先对视再发言（Touch to Talk and Eye Contact to Speak）

游戏流程： 把所有人两两分组，每组进行聊天。要求参与者每次开口说话前必须先与搭档有肢体接触或者密切的目光交流。

游戏重点： 倾听。这个练习向学员展示，沟通是"需要"听众的。这种练习可以为真正的有效沟通奠定基础。

17. 火星语（Gibberish）

游戏流程： 从学员里选出三个人，其中两个人用瞎编乱造的词语或者声音交谈。剩下那个人负责向其他学员"翻译"这两人的聊天内容。然后让学员轮流上场扮演交谈者和翻译者的角色。

游戏重点： 倾听。这个练习让团队学会在沟通中不仅要关注谈话内容，还要留意对方传达的其他方方面面的信息。

未来，属于终身学习者

我这辈子遇到的聪明人（来自各行各业的聪明人）没有不每天阅读的——没有，一个都没有。巴菲特读书之多，我读书之多，可能会让你感到吃惊。孩子们都笑话我。他们觉得我是一本长了两条腿的书。

——查理·芒格

互联网改变了信息连接的方式；指数型技术在迅速颠覆着现有的商业世界；人工智能已经开始抢占人类的工作岗位……

未来，到底需要什么样的人才？

改变命运唯一的策略是你要变成终身学习者。未来世界将不再需要单一的技能型人才，而是需要具备完善的知识结构、极强逻辑思考力和高感知力的复合型人才。优秀的人往往通过阅读建立足够强大的抽象思维能力，获得异于众人的思考和整合能力。未来，将属于终身学习者！而阅读必定和终身学习形影不离。

很多人读书，追求的是干货，寻求的是立刻行之有效的解决方案。其实这是一种留在舒适区的阅读方法。在这个充满不确定性的年代，答案不会简单地出现在书里，因为生活根本就没有标准确切的答案，你也不能期望过去的经验能解决未来的问题。

而真正的阅读，应该在书中与智者同行思考，借他们的视角看到世界的多元性，提出比答案更重要的好问题，在不确定的时代中领先起跑。

湛庐阅读 App：与最聪明的人共同进化

有人常常把成本支出的焦点放在书价上，把读完一本书当作阅读的终结。其实不然。

时间是读者付出的最大阅读成本

怎么读是读者面临的最大阅读障碍

“读书破万卷”不仅仅在“万”，更重要的是在“破”！

现在，我们构建了全新的“湛庐阅读”App。它将成为你“破万卷”的新居所。在这里：

- 不用考虑读什么，你可以便捷找到纸书、电子书、有声书和各种声音产品；
- 你可以学会怎么读，你将发现集泛读、通读、精读于一体的阅读解决方案；
- 你会与作者、译者、专家、推荐人和阅读教练相遇，他们是优质思想的发源地；
- 你会与优秀的读者和终身学习者为伍，他们对阅读和学习有着持久的热情和源源不绝的内驱力。

下载湛庐阅读 App，

坚持亲自阅读，

有声书、电子书、阅读服务，

一站获得。

北京市版权局著作权合同登记号　图字：01-2023-0708

图书在版编目（CIP）数据

向即兴表演学商业 /（美）凯利·伦纳德，汤姆·约顿著；冯宇，刘赛雄译．-- 北京：中国财政经济出版社，2023.4
书名原文：Yes，And: How Improvisation Reverses "No，But" Thinking and Improves Creativity and Collaboration
ISBN 978-7-5223-2071-7

I. ①向… II. ①凯… ②汤… ③冯… ④刘… III. ①商业管理 IV. ① F712

中国国家版本馆 CIP 数据核字（2023）第 051287 号

责任编辑：罗亚洪　　责任校对：胡永立
封面设计：ablackcover.com　　责任印制：张　健

向即兴表演学商业
XIANG JIXINGBIAOYAN XUE SHANGYE

中国财政经济出版社 出版
URL：http://www.cfeph.cn
E-mail:cfeph@cfemg.cn
（版权所有 翻印必究）
社址：北京市海淀区阜成路甲 28 号　　邮政编码：100142
营销中心电话：010-88191522
天猫网店：中国财政经济出版社旗舰店
网址：https：//zgczjjcbs.tmall.com
天津中印联印务有限公司印装　　各地新华书店经销
成品尺寸：170mm×230mm　16 开　16.50 印张　217 800 字
2023 年 4 月第 1 版　2023 年 4 月天津第 1 次印刷
定价：89.90 元
ISBN 978-7-5223-2071-7
（图书出现印装问题，本社负责调换，电话：010-88190548）
本社图书质量投诉电话：010-88190744
打击盗版举报热线：010-88191661　QQ：2242791300